人物叢書

新装版

平賀源内

ひらがげんない

城福　勇

日本歴史学会編集

吉川弘文館

平賀源内肖像 （198 ページ参照）
（『先哲像伝』著者自筆七冊本《国立国会図書館蔵》詞林部伝所載）

源内の筆跡
（明和八年　四十四歳）

狂歌に
人丸の目に八雲とも
　　みよしのゝ
花よりだんご
　　金の丸かせ
と申狂歌ヲ添て
江戸窺ニ相成候其
跡ニ而
涼しさや
　くわほう寐て待
　　江戸便り

エレキテル
（源内自製と伝えられる。逓信博物館蔵）

はしがき

平賀源内は、生前から有名人であり、親友杉田玄白も彼のことを「海内賢愚ト無ク悉ク其名ヲ知ル」（「処士鳩渓墓碑銘」）といっている。有名人にはとかく伝説めいたものがまつわりつきがちであるが、源内の場合はそのうえに少々変りものであり、人の意表をつくような言動を好んでしたので、伝説の霧がいよいよたちこめることになる。すでに彼の死後十年目に成った『平賀実記』にしても、あることないこと取りまぜて語り出した、一編の「夢物語」でしかない。そして実記と称するこの書が、後世を誤ったこともまた大きいのである。

こうして源内の伝記的研究は、他の人物のそれにもまして、まず伝説の霧を払う仕事につとめねばならぬ。その場合も、無理をしてはならないから、案外手間がかかる。このためもあってか、大正の末年になっても彼には伝記らしい伝記がないといってよく、それを嘆いた研究者もいた。しかし昭和に入り、同三年の森銑三氏論文「平賀源内研究」、同九年の岡田唯吉氏著『讃岐偉人平賀源内翁』などが出ていらい、源内伝の、いわゆる科学的研究が大いに進んだ。それにもかかわらず彼の活動分野があまりにも広すぎるので、包括的な源内伝は、企てられながらいまだに出現するにいたっていないのではなかろうか。

私が本書を書くにあたって意図したのは、彼の単なる年代記的な記述に終るのではなく、むしろその業績の内容を及ぶかぎり理解し、それが彼の生きた時代や、それから個性といかようなかかわりにおいて存したか、また彼の個々の業績が、その生涯の中でどのような比重を占めつつ、互いに内的な連関を保っていたか、という点を明らかにすることであった。そうすることによって私は、彼の全体的な人間像や、その行動を統一的に描き出してみたかったのである。しかしこの意図は、けっきょく単なる意図として終ってしまったらしいが、とにかく一人の人間の生涯を知るのも、至難の業であるということをつくづく思い知った。

本書をなすにあたって、多くのかたがたの御好意を得た。特に香川県の地方史家松浦正一氏は多年にわたって集めた源内関係の史料をことごとく提供して下さり、友人の井上忠君は、あまり健康でない私を助けてやるといって、九州から東京まで出てきてくれた。そして図書館から書物類を借り出す役を専らしてくれたので、私はただ坐してそれらに目を通せばよかった。また豊田武先生からは、はげましの言葉をしばしばいただき、別に史料などを依頼したわけではないのに、わざわざ届けて下さった人も何人かいた。以上のような人々の好意によって、本書は成ったようなものであり、もし本書に何らかの取柄があるとすれば、それはこれらの人々に負うところがはなはだ多いといわなければならない。

なお、本書では漢文およびそれに準ずるものは、原則として片仮名交り文に書き下した。また書簡の候文に限り、読みやすいように書き改めたほか、引用文に、括弧を付して読み仮名を若干補ったところがある。振仮名のうち片仮名のものは引書に施されているものであるが、その他はおおむね新たに加えた。最後に本文およびさし絵説明中の『全集』は『平賀源内全集』の、顕彰会蔵は香川県大川郡志度町の財団法人平賀源内先生顕彰会遺品陳列館蔵の、それぞれ略であることを付記しておく。

昭和四十六年三月

城福　勇

目次

口絵

挿図

第一　少・青年期

一　出生と家系

平賀源内は、享保十三年（一七二八）讃岐国の寒川郡志度浦（現香川県大川郡志度町）に生れた。ただしこの生年は、彼の没年齢を五十二歳とみて逆算したものである。父は白石茂左衛門、その諱は平賀家位牌によると良房、「源姓平賀氏系図」によれば国久。母は同じ系図に従えば山下氏である。

二つの系図

ここで平賀氏の系図のことにふれておくと、現在(1)「平賀氏系図」と、(2)「源姓平賀氏系図」の二通りのものが志度町の平賀家に残っている。別に源内自筆と思われる「平賀氏由来之事」という、家系のことをしるした一文もあり、この内容は(1)に一〇〇パーセント取り入れられている。そして(1)は源内の代で筆をとどめ、(2)は昭和のはじめの当主熊太郎に及んでいる。成立の時期は、確証はないが(1)の方が早いと思われる。しかし(2)とても、(1)と同様基づくべき資料があったのであろうから、価値的な甲

あととりと
なる

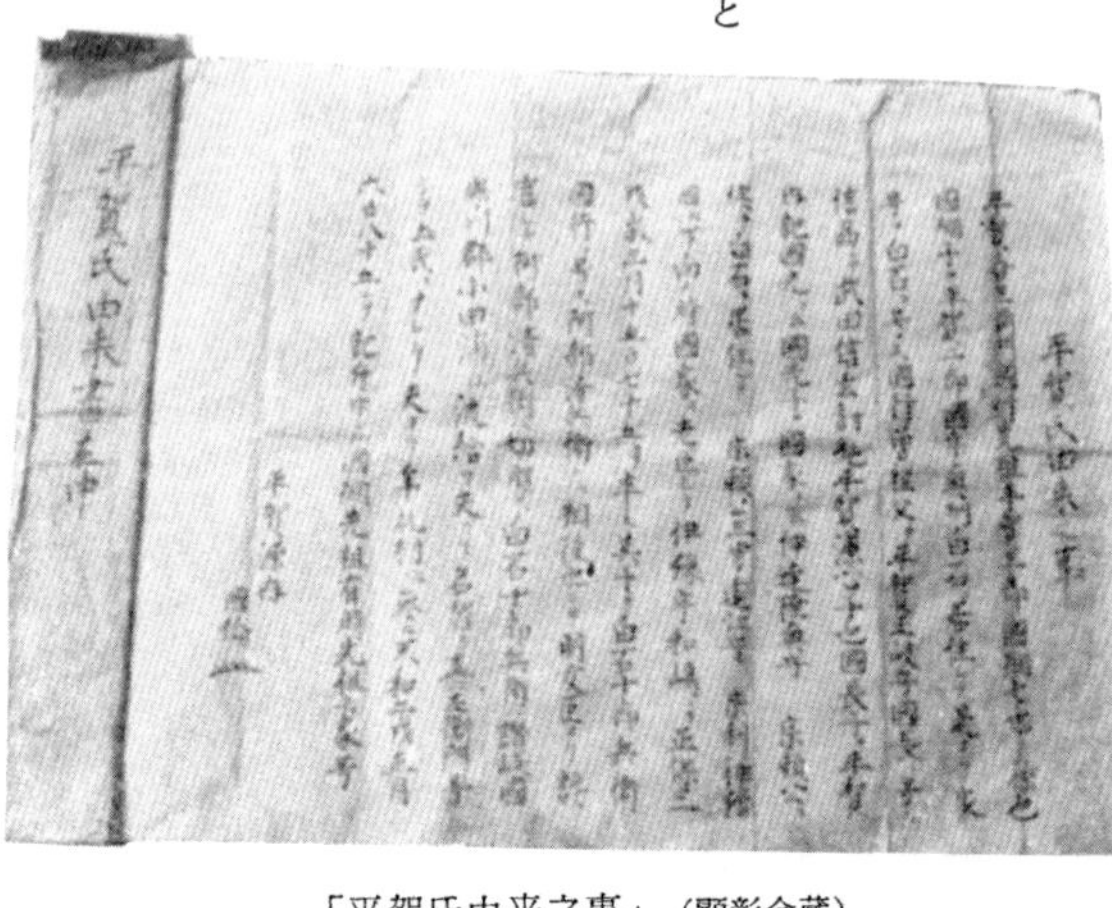

「平賀氏由来之事」（顕彰会蔵）

乙はつけがたい。

(1)によれば、源内には二人の兄――長男新吉と次男喜太郎があり、彼は三男である。しかし(2)では兄は一人で、彼は次男となっており、平賀家位牌にも、「良房二男」とある。また(1)・(2)によって一人あるいは二人の兄が早世したことが知られ、源内があととりとなったのは、そのためである。

また(1)・(2)によって、彼に一人の弟＝小次郎があったことがわかるが、(2)によると早世している。ほかに女兄弟が大勢いたが、(1)では一姉四妹、うち一妹＝キヨ子が早世した。(2)によれば七妹があり、うち二妹は早世、残りの五妹中曾与(そよ)・為・伊(い)路(ろ)・里与(りよ)の四妹の名が明らかにされている。

源内の幼名は四方吉(よもきち)・伝次郎、のち嘉次郎と称

元内

した。通称は源内または元内という。高松藩の『松平登仕録』によれば、彼が同藩薬坊主格に補せられた宝暦十年（一七六〇）五月、元内に改めたという。これは代々の藩主の法号に、かならず源の一字が用いられているから、それを憚ったものであろう。そして翌十一年九月の、源内の辞職願に対する許可状、および志度の平賀家蔵の、同家菩提所自性院の宝暦十四年の寺請証文写にも、元内とある。

彼の諱は国倫、または国棟、字は士彜、鳩溪はその号である。戯作者としては風来山人・天竺浪人と称し、紙鳶堂風来と続ける場合もある。悟道軒・桑津貧楽なども一時の戯号であった。浄瑠璃作者としては、専ら福内鬼外という筆名を用いる。

遠祖

源内の祖先を遠くさかのぼると、平賀三郎国綱に到達するという（「平賀氏由来之事」）。国綱は南朝の忠臣、『太平記』中の一英雄である。彼は大塔の宮に従って、村上義光らとともに吉野や熊野に転戦し、宮から「平賀が智」（巻五）とほめられた。源内は、その血をうけていることにほこりを覚えていたはずで、国綱の活躍する『太平記』は、子供のころから愛読してやまなかった。

入道源心

さて国綱七世の孫を、平賀国行という。国行の曾祖父の親は、平賀入道源心（玄心）といって信濃海野口(うんのくち)の城主であったが、武田信玄に滅ぼされた。この源心が、源内のいわば直接の祖先であって、信濃ではかくれもない勇将であった。源心の曽孫にあたる国家は、奥州の伊達家に仕えて、白石(しろいし)（現宮城県白石市）に住んだ。平賀氏はすでに、国綱の子国宗の時代から同地に住んで姓を白石と称していたが、平賀国家もその例にならって白石を姓とする。

土民となる

国家は伊達氏の一族が四国の宇和島藩主となって同地へ赴くとき、老臣としてこれに従う。その子が平賀国行＝白石十郎兵衛である。彼は宇和島で仕官中、同僚の讒言(ざんげん)によって讃岐の国寒川郡小田浦（現大川郡志度町大字小田）に流され、これより名を喜左衛門と改めて土民の列に入り、のち三木郡牟礼(むれ)村（現木田郡牟礼町）に移り住んだ。その子白石喜左衛門良盛は、明暦三年（一六五七）召し出されて高松藩志度浦蔵の蔵番となり、子茂左衛門良寛・孫茂左衛門良房とその職をついだ。良房はすでにのべたように源内の父にあたり、延享二年（一七四五）に志度浦真覚寺前の、現在の平賀家屋敷地に移ってきたのであった。

さて源内がのちに、白石姓をすてて祖先の平賀姓にかえり、諱を国倫・国棟と称したのも、父祖の諱がみな国の一字にはじまるからである。また通称の源内も、かつては信州で一城の主であった入道源心を追慕しての名であろう。

蔵番

ここで志度浦の蔵番のことについていえば、高松藩天明七年（一七八七）の『分限帳』によると、その取高は一人扶持切米三石である。茂左衛門良房のころもだいたい同様であったと思われるが、この程度の取高では、それだけで生計を立てることが困難であるから、白石家は恐らく農業を本業とし、その片手間に蔵番をつとめていたのではなかろうか。そして同家は百姓としてもかなり裕福であったと思われ、縁組も村役人層と結んでいる。

いわゆる「足軽の子」

また源内は、従来多くの研究者によって、高松藩の足軽の子とみなされてきた。しかし父の役職であり、彼自身もそれをついだことのある蔵番の身分が果して足軽といえるかどうか、やはり疑問としなければならない。しかし極めて身分のひくい、足軽相当、またはそれ以下であることは確かであるから、私も仮りに彼を足軽の子と呼ぶことにしたい。

二　教養

『平賀実記』

櫟斎老人の著『平賀実記』は、源内の没後十年目（天明八年＝一七八八）に成った彼の伝記で

おみき天神（顕彰会蔵）

あるが、著者はこれを一編の「夢物語」として語っていることがよく示すように、あまり信用できぬ書物である。しかし同書に、源内が早くから英才ぶりを発揮し、「天狗小僧」の異名を得たと記述してあるのは、ある程度信用してもよいのではなかろうか。

また志度の平賀家のいい伝えでは、彼は十二歳の時「おみき天神」と呼ばれる、一種のからくりをつくったという。これは今も顕彰会に蔵されているが、狩野派の筆法で描かれた天神像を軸物仕立にし、背面に仕掛けをほどこしたものである。すなわち天神像の前におみき徳利をそなえる、ほんのわずかな隙に仕掛けの糸をすばやく引くと、裏側の赤い紙が天神の顔の部分に来て、それに赤味がさすという仕組である。平賀家のいい伝えを、志度の人たちも別に疑わずに今日にいたっているところをみると、これは本当に源内の考案になるものかも知れない。しかしからくりとしては、ほんの初歩に属するもので、これで彼の器用さをあげつらうのならともかく、「奇才」云々の証拠とすることはやはり困難であろう。

「藩医三好某」

つぎに彼の教養について、水谷弓彦氏著『平賀源内』では、彼が十三歳の時、藩医三好某について本草学を学んだとしている。その後の源内研究家は、おおむねこの説を踏襲するかのごとくであるが、藩医三好某とはいったい誰であろうか。現在香川県には、安永七年(一七七八)九月の『高松侍中分限帳』が残っているが、その「医師」「表医師」「薬坊主」の部をみても、三好姓を名乗るものは一人もない。一方源内側の史料には、讃岐陶村の三好喜右衛門の名が二ヵ所ばかり出てくる。その一つは、宝暦十一年(一七六一)十月の日付をもつ、翌年開催予定の東都薬品会の引札＝広告用ちらしであり、いま一つは、源内の主著『物類品隲』で、これには喜右衛門が宝暦十二年閏四月の薬品会＝物産会に「地脂」を賛助出品したとある。そして水谷氏のいう三好某とは、この喜右衛門を指すのではなかろうか。彼はしかし、藩医ではない。ただ阿野郡陶村(現綾歌郡綾南町陶)に住んで、家富み、道楽三昧なくらしをした。三好家は代々喜右衛門を称するが、彼は三代目。官兵衛ともい

福岡官兵衛

い、一時福岡姓を名乗ったこともある。木内石亭著『龍骨弁』中に出てくる「阿野南郡陶村福岡氏（俗称官兵衛）」とは、実に彼のことなのである。源内より四つしか年上でないが、本草学を得意としていたから、源内にとっては師友ともいうべき存在であったと思われる。

源内はまた少年のころ、高松藩儒菊池黄山を師として、儒学を学んだはずである。黄山の家は山田郡古高松（現高松市内、屋島のふもと）にあったから、志度からはそれほど遠くない。『平賀源内全集』にも、「黄山先生」あての書簡一通が収められているが、源内は本当に師事したか、またはよほど恩義を受けた人でないと先生とは呼ばなかったから、黄山は彼の旧師、そして多分少年時代の儒学の師と考えて間違いはないであろう。いうまでもなく儒学は、当時の武士階級やインテリにとって、いわば基礎教養に属し、また源内のように将来本草・物産学によって身をたてようとするものには、それらの古典を読解するためにもぜひ学ばなければならぬ学問であった。

さらに源内は、多才・多感な少年の常として、いろんなものに興味を示したらしい。特に文芸書のたぐいに目をさらすことが多かったとみえ、林三郎氏蔵の源内自筆の一文

軍記物の耽読

にも、「吾幼年にして太平記・三楠実録をこのみて、昼夜をわかず読けるが」とある。軍記物『太平記』のほかに、同じく軍記物に類する『三楠実録』――元禄期に成った楠公三代の物語も耽読してやまなかったのである。

また俳諧の実作にも早くから手をつけていたとみえ、大田南畝（一七四九―一八二三）のつたえるところによると、幼少の時源内は、夢の中でつぎの発句をつくったという。

霞にてこして落すや峯の滝　（『一話一言』）

これは子供の作品にしては、下手ではないといえよう。

三　俳諧

当時のインテリの必須の教養として、学問＝儒学のほかに、詩歌と書画があった。源内もその小説『風流志道軒伝』において、風来仙人という彼らしい人物を登場させ、「只人の学（ぶ）べきは、学問と詩歌と書画の外に出（で）ず」といわしめている。そして彼の少・青年時代の教養も、もちろんこの方向に即して積まれたことと思われるが、しかし漢詩文・和歌は、どちらかといえば得意ではなかったらしい。一時親交のあった南畝も、

「源内未ダ詩文ヲ知ラズ」

源内未ダ詩文ヲ知ラズ。狂歌・俳諧ニ至リテモ、未ダ一首一句ノ佳ナルヲ見ザルナリ。イハンヤ詩文ヲヤ。(『温知叢書』本『平賀鳩渓実記』上欄書入)

といった。これは酷評というほかはないが、しかし詩文や、それから和歌では、見るべきものをのこしていないのも事実である。ただ俳諧や狂歌の場合、巧みであるとはいえないが、人並の作品はものし得た。特に俳諧については、青年時のかなり長い期間、これに熱中してあきることがなかったのである。

俳書に出句

源内の俳諧が俳書にはじめて載ったのは、延享二年(一七四五)彼の十八歳のときと考えてよい。すなわち稲津祇空十三回忌追善集『つくしこと』他郷の部に、歌仙附句二句が見え、その後寛延元年(一七四八)稲木梅門(椎本才麿門)編の『象山陰』、翌二年の椎本矩州編『四日桃』以下、宝暦五―六年(五年は一七五五)ごろまでに出たいくつかの俳書に、発句または附句を一―二句ないし数句のせている。そしてこの余勢が江戸に赴いた後も続いたと思われ、俳書にこそ出さないが、事にふれ時に臨んで、発句のたぐいを口ずさんだはずである。

志度の俳諧グループ

さて源内が、俳諧に親しむようになったのは、それまでに志度に成立していた俳諧グループのさそいや指導によるものであろう。グループの中心となったのは指月堂芳山・

李山

芳山一周忌の追悼文（李山＝源内自筆）
（香川県，松浦正一氏蔵）

渡辺不遠およびその養子三千舎（みちのや）桃源であり、このうち芳山を呼ぶとき源内は「先生」という敬称をつけ、その一周忌にあたっては、

空は晴てまだ干（ひ）ぬ袖や五月（さつき）雨

の一句を手向けた。

源内は宝暦三年（一七五三）十二月、志度の俳諧グループの動静を伝える一文を草した。それには白石李山と署名されているが、このころの彼は白石姓を称したり、平賀姓を名乗ったりし、俳号を李山といった。いま彼の俳諧を、寛延元年（一七四八）二十一歳のときの、「志度連中歌仙」（『象山陰』下巻）一巻中の附句によって示せば、

○凧（たこ）の糸同じ遊びを友にして　　桃源

竹を以は笛に鳴けり　　李山
○旧きをたづね立を橋杭(はしくい)　　運士
頷(うなづい)て呼とゞめたる男伊達(だて)　　李山
○笆(まがき)打越ス洗濯の浪　　文花
花誘ふ光陰の矢に楯(たて)もがな　　李山

といった調子である。

二十歳代の後半になると、彼は志度の俳諧グループのなかでは先輩づらができるほどになるが、宝暦六年二十九歳の春には、故郷をすてて江戸に赴くことになる。その送別の宴が、恐らく桃源邸内の臨江亭で催された。この時源内は珍しく漢詩をつくるが、それは、

席上ノ諸子ニ留別ス
相逢フ湖海、暁風寒シ。珠浦城頭万里ヲ看ル。此ノ日ノ離筵(りえん)須(すべから)ク酔ヲ尽スベシ。
孤帆(こはん)一タビ去ラバ星ヲ聚(あつむ)ルコト難カラン。

という。道具立ては一応揃っているが、やはり拙いとしか評しようのない詩であった。

有馬温泉に遊ぶ

やがて源内は、船で志度浦をたつ。そのとき桃源と寒川郡津田浦（現大川郡津田町）の安芸文江が彼に同道し、摂津有馬温泉に赴いて三人で四十日ばかり滞在し、別れを惜しんだ。文江は屋号板屋、富商であって、かたわら俳諧を嗜(たしな)んだから、この道によって三人はかたく結ばれていたのであろう。そしてこの旅行に際しても、三人三様の、発句紀行をのこしている。有馬ではまた、この三俳人を推重するものもいたらしいが、彼らもまた一かどの俳人気どりでいた。そして彼らの発句が短冊に刷られて、有馬みやげとして売り出されもしたのである。

椎本流

志度の俳諧グループは、系統としては大坂の椎本流(しいがもと)に属していた。椎本流とは、大坂天満の椎本才麿(さいまろ)の流れをくむ談林派俳諧の正統で、源内の青年時代には、椎本芳室や、芳室の跡をついだ椎本矩州(くしゅう)が牛耳っていた。源内が後年、「若年の砌(みぎり)は我国より五十里の波濤をしのぎ、浪花(なにわ)に遊びて椎本の俳風を学び」（林三郎氏蔵源内短文）といっているのは、大坂の椎本、すなわち芳室か矩州に学んだことを意味する。そして有馬温泉に赴いたとき彼は、往路も帰路も大坂に立ちよっているから、このときに椎本の俳筵(はいえん)につらなったとも考えられ、上記の「若年の砌」云々も、そのことを指しているのかも知れない。

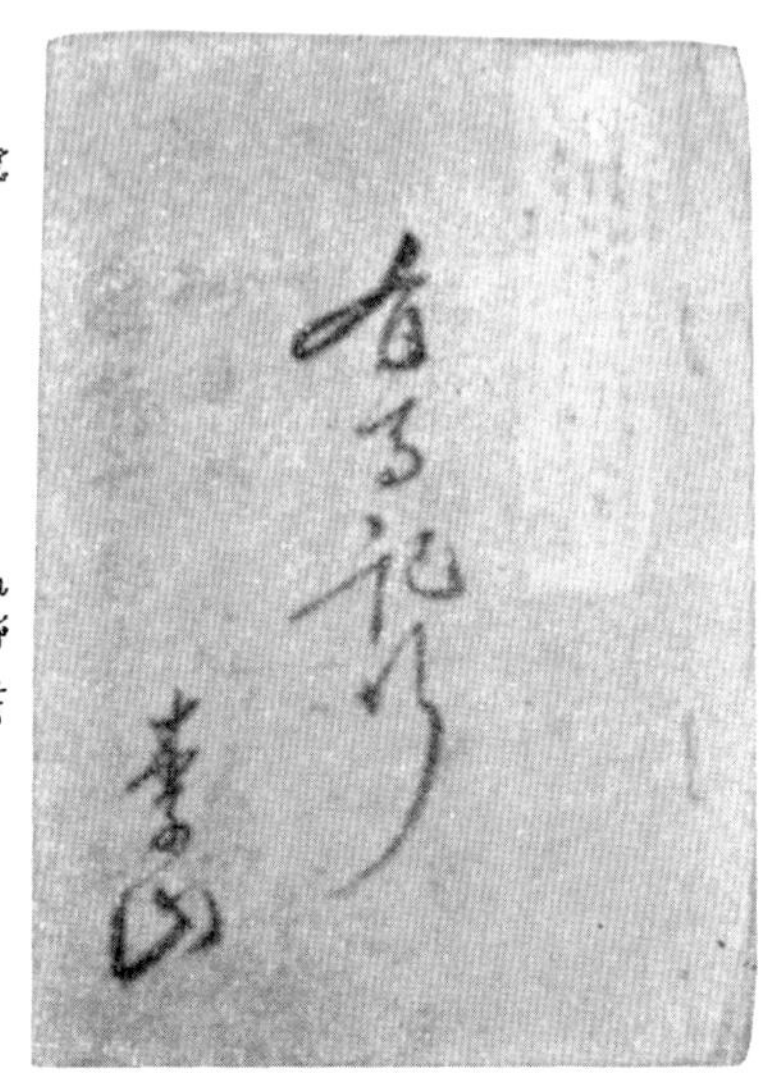

『有馬記行』（香川県，出雲秀一氏蔵）

どちらにしても源内の俳諧は、南畝の批評ほどでないにしても、やはり巧みであるとはいえない。散文ではのちにふれるように縦横の筆をふるった彼も、韻文の短詩形ではどうにもならなかったとみえる。ただ彼の残した『有馬記行』を見てもよくわかるように、早くも強い本草・物産趣味を発揮した。

古郷を磁石に探る霞かな

疵(きず)付る牛の足目や砕米薺(れんげそう)

あるいは、

紅白交りたる桃を漢に日月桃といゝ、和にては源平桃となんいへる花の須磨の在(ざい)家(け)に盛なるを見て

いにしへを枝に争ふ桃の花

といった調子。源平桃の講釈はもとよりのこと、れんげ草をわざわざ砕米薺とかきあらわすところに彼の本草・物産趣味、ないし青年客気の姿が見てとれるではないか。

四　長崎遊学と蔵番退役

水谷説

水谷弓彦氏著『平賀源内』によると、寛延元年（一七四八）源内十九歳の時（水谷氏は源内の没年を五十一歳として数えているが、それにしても寛延元年源内十九歳はおかしい）高松藩から四人扶持銀十枚を賜わって「御薬坊主」にとりたてられたという。この説に諸学者は、おおむね従っているが、これは恐らくあやまりであろう。源内がはじめて高松藩に関係ができるのは、翌二年正月、父茂左衛門の死後、その後役となってからであり、役目もやはり志度浦蔵の蔵番である。しかし、やがてはその本草学的才能が認められて、藩の薬園関係の仕事に、たとえ非常勤の形にせよタッチするというようなこともあり得たであろう。『平賀実記』にも、源内十五歳の時、足軽の身分を脱して侍になろうとするが、藩側からは「足軽の忰、侍分には取立て難し」ということで、「先にしばらく薬園掛の足軽に申付べし」との計らいがあったとする。年齢のことなど信用できぬが、この種のことは彼にあったのではないかと想像される。

父の後役となる

栗林薬園

いったい当時の藩主松平頼恭（よりたか）は、薬草・薬園について関心が深く、これまで石清尾塔山の南のふもとにあった藩の薬園を、寛延元年ごろから、「御林（おはやし）」（現高松市の県立栗林公園）内に移した。そして池田玄丈を管理責任者とし、宝暦三年（一七五三）には彼を薬坊主並（なみ）三人扶持に取りたてた。その引き移ったばかりの栗林薬園に、源内も関係することになったのではなかろうか。

一回目の長崎遊学

しかし好学心の強いうえ野心家でもあった源内は、やがて一回目の長崎遊学を試みる。これはオランダの新知識――特に医学や薬学の知識の獲得を直接の目あてにしたのであろうが、同時に野田寿雄氏も指摘しているように、林羅山が慶長十二年（一六〇七）長崎へ赴き、『本草綱目』を手に入れた先例以来、本草学者の同地遊学は、いわば定石のごときものになっていたのである（「風来山人論」『文学』二三の一〇）。また遊学の時期については、普通に宝暦二年とされているが、それを証拠だてる史料は何もない。しかし、前後のことを考え合わせると、だいたいそのころと考えて差し支えないのではなかろうか。そしてこの遊学は、

讃岐のいい伝え

頼恭の内命によるという『新撰洋学年表』の説が一般に信じられているが、讃岐には古くから別のいい伝えがあり、古（ふる）高松の医師久保桑閑（そうかん）（一七一〇―八二）が往路も帰路も源内と行を

ともにしたとする説（『闡幽編』）や、それをさらに一歩推し進め、桑閑がその書生源内を長崎へつれていったという説（佐々木礼三「讃岐医人伝」）もある。桑閑は家富み、風流・文雅をたのしみ、本草学にも心得があった。のちに志度の渡辺桃源とともに、源内の郷里におけるパトロン的存在となることを思えば、藩主の内命説より、讃岐のいい伝えの方に、より真実性があるように思われる。

陶土を発見する

長崎遊学の際の、多分帰路、船が備後鞆之津（現広島県福山市鞆町）に立ちよったとき、彼は鍛冶屋で使っている白色の粘土を見て、この地に陶土のあることを知り、それをついに江の浦（現鞆町字後地）で発見した。そして溝川某に、これを用いて焼物をやくように勧め、同時に製陶に当っては地神・荒神・源内神をあわせて三宝荒神としてまつれと教えた。溝川氏はけっきょく焼物は焼かなかったが、陶土を壁土として売って大いに儲けたから源内を徳とし、彼の言にしたがって三宝荒神をまつった。それが今も医王寺表参道のかたわらにのこっており、二坪くらいな敷地の一部に、丸い石を三つ重ねた石塔がこれである（金原利道「鞆に於ける平賀源内の生祠について」『備後史談』五の一一）。慶応四年＝明治元年（一八六八）溝川氏建立の石柱もあって、その正面には「南無妙法蓮華経平賀源内神儀」、側面には「宝暦十四甲申三月七日」と刻まれてい

源内生祠

る。宝暦の日付は、溝川氏がはじめて三宝荒神をまつった日時と考うべきであり、「源内神儀」としてあるから、生きている彼を神としてまつった、いわゆる生祠(せいし)であることは疑いない。

すでに述べたように源内は、阿野郡陶村の三好喜右衛門を師友として本草学を学んだと思われるが、喜右衛門はまた好んで陶器を焼いた。源内も彼とともに阿野郡陶村や大内郡富田村(現大川郡大川町)の陶土を検分したり、また彼の手ほどきをうけて陶器をつくる機会もあったであろうから、陶土・陶器については、早くから一かどの鑑識眼を持っていたものと想像され、それがこの鞆之津の陶土発見ともつながるのである。

源内生祠　(医王寺提供)

驚異の種

長崎の地は彼にとって、何ごとも驚異の種であった。ここで彼は、中国や朝鮮から渡来する薬草・薬物を数多くみたであろうし、オランダ船載の奇器・珍物はもとより、西洋画のたぐいも寓目したであろう。そしてオランダ学術も、医学のほかに博物学を多少学ぶことができたはずである。滞在は約一ヵ年といわれるから、讃岐にかえりついたのは、宝暦三年中のこととなる。『新撰洋学年表』によると、彼は早くも同年中に江戸に出たことになっているが、そんなことは多分ないであろう。というのも、たとえ蔵番にせよ藩に関係があり、また彼がこの年につづく二－三年間の俳書類への出句状況から推して、郷里をはなれたとはやはり思えぬからである。

退役願を出す

それにしても源内の野心は、長崎遊学によっていよいよかきたてられた。学問に対する熱情もつよまり、それに足軽という身分を脱して、世間的な立身出世の機会をつかもうとする願いも強固なものになったにちがいない。このためか彼は、宝暦四年（一七五四）七月、その筋へ蔵番退役願を出した。これに対し八月二十四日、元御蔵すなわち高松城下にあった藩の元蔵において、寺島覚兵衛・伊藤与五兵衛・石川十太夫立会のもとに、彼につぎの通り申し渡した。

一　其方儀近年病身ニ罷成、御奉公難二相勤一ニ付、御扶持切米指止、御暇頂戴仕度由、

願之通御暇（以下欠）

立会人の寺島以下は、藩の蔵奉行と思われ、蔵番はその支配・管轄下にあった。要するに源内は、病身を理由に退役を願って許可されたのであるが、病身云々が表面をとりつくろったものであることはいうまでもない。

相続を放棄

同じ年に彼は、従弟を迎えて、妹里与（りよ）の婿（むこ）養子とし、平賀家の家督を継がしめた。従弟は岡田磯五郎とて岡田姓を持っているように従来みられてきたが、しかし宝暦十四年三月の『志度村切支丹宗門改帳』写によれば、「組頭重五郎」の男子磯五郎としているから、やはり百姓の忰（せがれ）であったことがわかる。したがってたとえ岡田姓を称していても、それは自称にすぎなかったと考えられよう。

磁針器等をつくる

いずれにせよ源内は、俸禄と家督の二つながらを放棄した。そして、長崎遊学を通して、いよいよ燃えさかってきた野心をみたすべく、ひたすら江戸遊学の機会を待つ。この間、彼の長崎帰りの新知識に期待するものもあったとみえ、たとえば藩の重臣木村季明は、彼に磁針器をつくらしめている。方角を測る道具で、製作は宝暦五年（一七五五）三月、オランダ人「瀳（せん）」製作の器を模倣したものである。同じ年の正月には、歩いた距離を測

量程器（香川県坂出市，鎌田共済会郷土博物館蔵）

る道具である量程器も、つくり出した。

源内の江戸遊学の機会も、やがてやってくる。出発は浜田義一郎氏の考証によれば、宝暦六年三月のことであり（「平賀源内の『有馬紀行』」『文学』三四の七）、住みなれた郷里をついにあとにする。その時の感慨を彼は、つぎの一句に託した。

井の中をはなれ兼たる蛙かな（『有馬記行』）

桃源・文江の両人が、彼を送って有馬温泉に赴き、別れを惜しんだのもこの時のことである。

第二　出府と修学

一　元雄入門と物産会

大坂での修業

有馬温泉で彼らは四月を迎えるが、やがて源内は桃源・文江と別れ、単身大坂・京都を経て江戸に向う。そして同地で永住し、学問と栄達に身を委そうとした。彼の友人大田南畝の『奴凧（やっこだこ）』によると、「平賀源内は……浪花にありて年を経しが、江戸に出て学校を建(て)んと思ひて出(で)来りしが、宝暦の末の風俗を見て其事の行(は)れざるをしれり」とある。浪花云々（うんぬん）は合点のいかぬところもあるが、江戸で学校を建てる希望も、彼はあるいは抱いていたのかも知れない。そして浪花＝大坂で何年か修業したのが事実なら、それは長崎遊学からの帰国後と思われ、特に宝暦四年八月の退役以後のことと察せられる。

戸田旭山

大坂では、戸田旭山、名は斎（いつき）のもとにあって、医学および本草学を学んだのであろう。旭山は宝暦十年（一七六〇）には、大坂浄安寺で薬品会＝物産会を主催し、同会の記録『文会録』を刊行した。源内は同会に赤石脂以下四品を出品するとともに、『文会録』の跋文(ばつぶん)もかき、そのなかで「我(ガ)旭山先生」と呼び、また同十一年の旭山著『病名補遺』にも序をよせて、「旭山先生」の人となり・功績をほめそやしている。一方旭山は、薬品会の招請状に「平賀生」の活躍についてのべ、その将来に期待するがごとき口ぶりを示しているから、旭山と源内は以前から交渉があり、あるいは師弟の関係も結んでいたのではないかと察せられる。

元雄の門に入る

江戸にのぼった源内は、本草家田村元雄、号藍水(らんすい)の門に入った。元雄は朝鮮人参の栽培や製造に詳しく、すでに『人参耕作記』や『参製秘録』をあらわして、この方面の専門家として認められていた。その門にあって源内は、人参の栽培・製造のみならず、当時流行の甘蔗(かんしょ)栽培・砂糖製造のことなどを、特に学んだにちがいない。それらは当時幕府の薬草園で栽培されていたものの、民間に如何にして普及させるかが問題になっていたからである。

林家入門

源内はまた、本草・物産学にとりくむ準備工作として、林家の塾に入った。すなわち本草・物産学は、もともと中国から伝来したものであるから、その古典は多く漢文でかかれている。これを読解するためにも、漢学ないし儒学の素養が必要であり、それを身につけるために彼も林家に入門したと考えられる。すなわち中村幸彦氏の指摘するように、林家の門人帳『升堂記』三、宝暦七年六月二日の条には、源内が中村彦三郎の口入で入門した旨記されている（岩波書店刊『風来山人集』（『日本古典文学大系』所収）解説）。彦三郎とは、高松藩儒中村文輔である。そして入門にともない、源内はやがて聖堂＝昌平黌に寄宿することとなった。

彼が聖堂にいつまで寄宿していたか明らかではないが、少なくとも宝暦十年七月には、まだとどまっていたらしく、それは林大学頭信言の「門人平賀国倫、高松侯ノ駕ニ従ヒ州ニ帰ル。因テ餞ス」の詩によって知られる。してみると彼は、昌平黌にまる三年以上学んだことになる。しかし彼の場合は、儒学・漢学の学習自体に目的があったのではなく、あくまで本草・物産学の準備工作として学んだにすぎないから、その学力は、たとえば柴野栗山のようにその道で立とうとしているものの眼からみれば、かなり物足りないものがあったにちがいない。鈴木恭の『鳩渓遺事』（内閣文庫蔵『文鳳堂雑纂』所収）にも、栗山の源内評として、「学術は無き人也」とある。また源内の漢文力も、さほどでもなかったらしいことは、森銑三氏が指摘しているように、「冠以レ△分レ之」（『物類品隲』凡例）といった、奇妙な文章をかいていることによっても、ほぼ察せられよう（『平賀源内研究』『中央史壇』一四の五）。

江戸にのぼった源内は、早々その企画的な才能を発揮する。すなわち宝暦七年（一七五七）、わが国最初の薬品会（え）＝物産会が田村元雄の主催によって江戸湯島で開かれるが、それを実際に発案したのは源内であった（『物類品隲』田村元雄序）。物産会とは、薬種・物産などの展示および標本交換会のようなもので、小型の博覧会と思えばよい。宝暦八年にも神田において、同じく元雄主催の物産会があり、翌九年今度は源内みずからが湯島で同じ会を主催した。翌十年には松田長元が市ヶ谷で開き、翌々十二年には源内が会主となって、湯島の京屋九兵衛方で大規模な、いわゆる壬午（じんご）の物産会を催す。すなわちこの会のために、前年十月の日付を持つ引札（ひきふだ）＝広告用ちらしを全国各地の同好の士に配り、遠国からの出品者のために中継的な産物請取所を江戸・京・大坂に、さらにその出張所というべき諸国産物取次所を長崎・南都以下の各地に置いた。讃岐にあった取次所を例としてあげると、古（ふる）高松の久保桑閑と陶村の三好喜右衛門の両家方となっている。いうまでもなく両人は、源内にとって同好の士であるとともに、師友ともいうべき間柄であった。そしてこの宣伝や手廻しのよさが効果をあげたのか、集まるところの「草木鳥獣魚介昆虫金玉土石和

東都藥品會

會日壬午歳閏四月十日

主品 五十種 藍水田村先生具之
五十種 不佞國倫具之

右百種草木金石鳥獸魚介昆蟲珍品奇種、但除前會所出千百餘種、其品名夥繁故不關列于此。

寶暦辛巳歳冬十月

平賀國倫頓首拜

會主 寓居江戸神田鍛冶町二町目不動新道 平賀源内

世話人 湯嶋二丁目 植木屋義右衛門
本所三笠町 植木屋藤兵衛

着座世話人 本町三丁目 相模屋藤四郎
同四丁目 中村屋彦兵衛

會席 湯嶋天神前 京屋九兵衛

遠國より來る産物請取所

江戸本町四丁目 藥種 中村屋伊兵衛

京 千切屋次郎兵衛
藥草屋勘兵衛

大坂 天王寺屋勘兵衛
豊後屋喜右衛門

諸國産物取次所

長崎	大村町	齋藤丈右衛門
同	江戸町	山本判源次
南部		藤田七兵衛
大和	宇陀松山	森野藤助
近江	山田	木内小半
攝津	伊丹	武田三迪
河内	中村	重岡見昌
播磨	明石	藤田養菴
紀伊	若山東町	山瀬次右衛門
同	湯浅	橋木仙志津
美濃	大垣村	今井田三右衛門
尾張	津島	堀田源次郎
讃岐	高松	久保桑閑
同	岡村	三好喜右衛門
越中	北野村	速見喜右衛門
信濃	善光寺下町	青山仲菴
遠江	金谷驛	木目隆菴
同	浜松十五新町	河合小才次
駿河	沼津驛	清野玄一
伊豆	大仁四日町	築 惣七
鎌倉	雪之下	大澤小平太
下總	佐倉新町	関谷甚三郎
下野		坂巻小左衛門
同		白石松立
武蔵	八幡山	糟尾利仲

東都薬品会引札（『全集』下付録）

漢蛮種」（『物類品隲』凡例）など合計千三百余種に達したという。

公開はせず

物産会はさきにもいうように小型の博覧会であるが、誰にでもみせるといった種類のものではなかったらしい。以前からそうであったが、この宝暦十二年の物産会も、入場者は案内を受けたものに限っており、また会席での酒宴などを禁じ、飲食の類は一切出さなかった。京屋九兵衛という料亭で、このことを実行したところをみても、かなり厳粛で、学問的な雰囲気にみちた会合であることがわかる。

正金銀流出の阻止＝国益増進

物産会の趣意は、相互の知見の交換のほかに、宝暦十二年開催の物産会引札にもいうように、「故ニ諸国産物未ダ尽ク出デザルナリ。若シ尽ク出バ則チ漢蛮商舶ノ賫載スル所ヲ待タズシテ足ラン」ということにあった。すなわち長崎貿易を通して、朝鮮人参などの薬種類が盛んに輸入され、それがわが国の正金銀流出の大きな原因になっている。そこで「只今まで漢渡のみにて我国になき」ものと信じられている品々も、国内において「深山幽谷尋（ね）求むる時は又なきにしもあらず」（同上引札）と考えられるから、特に遠国の人々の協力を得たい。そして自給自足の態勢を少しでも整え、正金銀の流出を阻止してわが国益をはかりたいというのであった。この自給自足論・国益増進論は、当時のなべての本草・物産学者のいわば大義名分となっており、源内の場合ももとより例外ではない。そしてこれらの論が、吉宗将軍以来の殖産興業政策に直結すべきはいうまでもないが、さらにさかのぼると、新井白石の『五事略』の論に到達するといえるであろう。

二　再登用—辞職—仕官お構い

源内の名前が、物産会その他を通し、新進の本草・物産学者としてようやく人に知られるようになると、高松藩は江戸において、彼をうやむやのうちに召し抱えてしまった。すなわち宝暦九年九月三日「医術修業候ニ付」という名目で三人扶持を彼にあたえたのである。源内はこれを「学文料（がくもん）」として下されたものとかたく信じ、「仕官にてはこれ無く」（田村清助あて書簡）と思っていたらしいが、藩側は扶持を与えた以上、当然家臣とみなす。当時の藩主松平頼恭は無類の博物好きで、木村黙老の『聞まゝの記』（神宮文庫蔵）によれば、和漢の鳥獣草木虫魚金石貝類を集めることをこのみ、その「形象を真写し、和名漢名蘭名を記」したが、その際源内は薬用方として、すべてこれを「あづかり助」けたという。要するに博物好きの藩主は、この新進の本草・物産学者を重用したのであって、源内自

三人扶持

薬用方

蘭名云々は大げさ

学問に打ち込む

頼恭遺愛の図譜類中の一図　（松平家蔵）

身も、田村清助あて書簡で、藩主のお供を仰せつかって、当時藩の薬草園のあった目黒下屋敷へ度々赴かねばならないといっている。

もっとも『聞まゝの記』記載の蘭名云々は大げさで、現在も高松市の松平公益会に頼恭遺愛の図譜類が合計十二冊のこっているが、私の調査したところでは、蘭名を記入したものはただの三例にすぎない。

それにしても当時の源内は、江戸の空気にもなれ、学界の内情にようやく通じて、研学にも身がいってきた。さきにあげた清助あて書簡でも、「物産やら医書やら取乱し」といっていることによっても察せられるように、いろんな種類の学問に、いわばがむしゃらに立ちむかっていたのである。それにもかかわらず、藩側は遠慮会釈なく彼をこきつかう。すなわち宝暦十年三月には、頼恭が幕命を奉じて京師朝覲のため江戸を立ち京都に向うが、今は寵臣に類するものとなっていた源内は随行を命じられる。同月二十一日京都着、翌四月初旬帰府の途中、命をうけて相模(現神奈川県)の海岸で貝を求める。すなわち江の島・三浦みさき・浦賀・金沢辺りの海岸で、彼自身さがしたり、海士を海に入れて求めたり、人から買いとったりした。その折鶴ヶ岡の正覚院尊照法印が貝の名をよく知っていることをきき訪ねたところ、尊照から、むかし浄貞が霊元上皇に貝を奉ったとき写しておいた『五百介図』のあること、それを高野山北室院尭昌法印がもっており、尊照もそれをみて貝の名を覚えたこと、その図は今は大坂の毛馬屋某の手に移ったことなどを教えられた。

浄貞の貝の図

紀州の海岸で貝を求める

　同じ十年の六月、藩主が領国にかえる際も源内は随行を命じられた。そして山城(現京都府)の伏見で命を受け、紀州の海岸で再び貝をさぐるが、このとき彼は、「加太・和か浦・塩津・由良・柏・比伊之保・印南・切辺・南辺・田辺・瀬戸・湯崎之辺迄」浦々のこるかたなくさがして廻る(『紀州産物志』)。そして八月には大坂にいたり毛馬屋某をたずねたところ、すでに死んでいて、貝の図も火で焼かれてしまったという。失望はしたが、しかし幸いにも同じ大坂の天満神社の神官渡辺主税（ちから）が、その写本をつくっているのを知り、訪ねていって事情を話し、深く乞うて写しとった。そして讃岐に帰着してから、採集した貝とともに、これを藩主に献上した。

封内採薬

六月から八月まで、こうしてつぶれたが、恐らく九月になってから讃岐において藩主の命を受け、封内の薬草・薬種をさぐる。このとき鵜足（うたり）郡中通（なかとう）村（現仲多度郡琴南町中通）の八幡社の社地において、巴戟天（はげきてん）＝じゅずねのきという精力増進剤を発見した。

この間源内の俸禄も加増され、宝暦十年五月には四人扶持銀十枚となり、「薬坊主（やくぼうず）格」に任ぜられた。足軽ではなく、一人前の侍となったのである。

こうして宝暦十年の大半は、藩主への奉仕に明けくれた。このことを通して源内は、いまさらながら自己の勉学の時間がさかれるのを遺憾に思い、そのうえ仕官でないと思いこんでいたのに、そうでないことに気づかされた。そこで源内は、彼の思惑と藩側のそれのくいちがいを精算する意味もあって、宝暦十一年（一七六一）二月、藩に対し辞職願を出した。その文面は、この際お暇を頂戴して、「我儘に一出精（ひとしゅっせい）」したいという、はなはだ漠然としたものであった。これに対し藩はなかなか回答を与えなかったが、ようやく

辞職を願う

同年九月にいたり、

其方儀医業心掛執行仕候処、師匠儀老極仕候ニ付、此節昼夜手ニ附出精不レ仕候而者、芸術成就難レ仕候間、踏込修業仕度存念罷在、左候得者自然御奉公疎ニ相成候而者、甚恐多奉レ存当惑仕罷在候段、御内々達二御耳一、格別之思召ヲ以御扶持切米被二召上一、永御暇被二下置一候。

という許可状が出た。これは黙老の『聞まゝの記』上欄書入れに従ったのであるが、この許可状の末尾に重要な一句がつけ加わっていた。それは、

但他江仕官之儀者、御構被レ遊候。

というのであり、これによって源内は高松藩以外への就職を禁止されたのである。

さて、辞職願および許可状を通していえることは、源内は医術を「踏込修業」したいのだが、師匠が老極だから、この際昼夜手につけ出精したいという。この老極の師匠とは、どうやら大坂の戸田旭山を指しているらしく、恐らく旭山の了解を得て、そのもとで一出精したいということを辞職の理由にしたのであろう。

仕官お構い

また、高松藩が源内に加えた仕官お構いの措置とは、旧主による仕官の制限または禁

止であって、これは江戸幕府の憲法ともいうべき「武家諸法度」（大猷院）にも規定され、寛永の「諸士法度」にも、同じように規定されている。要するにもとの主人から構われた人間は、どこへも就職することが許されない。源内はこうして、好むと好まざるとにかかわらず、生涯浪人として終らざるを得なかったのであった。

それでは源内は、なぜ高松藩に対し辞職を願い出たか。もともと彼は並々ならぬ野心家であり、高松藩のような地方の小藩でいては出世もできなければ、学問も成就しない、と考えたからではなかろうか。特に出世だけについてみても、今は主君から寵愛されているが、元来は士民にもひとしい蔵番の子、高松藩での出世は先が見えている。のみならず、「君寵」を得ている現在も、同僚の嫉視や「侮慢」（いずれも、『聞まゝの記』上欄書入）がたえないとすれば、この際辞職して、学問と栄達のために別の方途をみつけるほかはない。すなわち高松藩とはこの際一たん縁を切り、改めて他の大藩か、できれば幕府に仕官して、学者の相場である二百石か三百石の禄をはむことにしたい。これが恐らく、彼の野心の第一歩であったと思われ、同時に辞職を願い出た直接の理由でもあったであろう。

特に源内は、このころまでに田沼意次（おきつぐ）とのつながりもついていたと思われるから、幕府への仕官を強くのぞんでいたに相違なく、昌平黌に入ったのも、そのための用意であるという意味もあったであろう。幕府へ仕官すれば、江戸に住むことができ、また幕府の権力を背景に全国的な規模において活動することもできるから、その学問研究のためにも好都合である。またすでに阿部将翁や青木昆陽の先例もあり、本草・物産学で幕府に登用されることは、他に比較して困難ではないと考えたのではなかろうか。

「青雲の梯」をふみはずす

以上のような源内の野心も、高松藩による仕官お構いによって、こなごなに打ち砕かれてしまった。その事情を知ってか知らないでか、彼の戯作上の弟子森島中良は、源内は「青雲の梯を踏失」（源内の戯文集『風来六部集』に与えた中良の序）したといっている。

虚勢・虚飾

とにかく構いのことがあってからの源内は、これを他人に向ってひたかくしにかくした。親友や親戚のたぐい――恐らく妹婿平賀権太夫にさえ、それをもらそうとしなかったらしい。そして自分は仕官しようと思えばいつでもできるが、はした扶持をもらって腰を屈してもしかたがないし、それにもともと仕官は嫌いであるからしたくないなどといいふらす。親友杉田玄白のごときも、それをまにうけたとみえ、彼の撰文になる「処士鳩溪墓碑銘」でも、源内を評して「諸侯或ハ之ヲ辟ス。皆辞シテ就カズ」としている。

しかし実際は、たとい諸侯から招聘を受けても、仕官することができなかったのではないか。それをあたかもそうでないかのようにいったりふるまったりするところに、源内特有の虚勢や虚飾があったのではなかろうか。

三　芒消発見

伊豆採薬

源内の名が高くなると、あちこちから訪ねてくる人もふえ、なかには情報をもたらすものもいた。伊豆の国（現静岡県）の鎮惣七もその一人で、彼は宝暦十一年（一七六一）源内を神田の寓居にたずね、もし彼が人を派して同国で産物を採集するなら、私が案内しようと申し出た。源内はこの言にしたがい家僕をつかわすが、同人は伊豆に留ること三ヵ月余、数十回にわたり、源内のもとに採集物を送ってきた。その中に、彼がかねがね求めていた芒消があったのである。それは現物が残っていないので何ともいえないが、硫酸ナトリウムか同マグネシウムであろう。漢方では下剤・利尿剤として用いる。従来は専ら中国からの輸入品にたよっていたのであるが、国産がここにはじめて発見されたのであった。

芒消発見で喜び勇んだ源内は、ことの次第を師の田村元雄に告げ、元雄はこれを幕府

伊豆芒消御用

に報告する。そこで青木昆陽の斡旋もあり、十一年十二月勘定奉行一色安芸守政沆は源内に伊豆芒消御用という役目を与え、伊豆に赴いて芒消を製せしめる。その際同地の代官江川氏がこれを助けたので、彼は数日にして製出に成功、翌十二年正月江戸にかえり、元雄の手を経て幕府に献上した。

その他の諸発見

伊豆において源内は、芒消のほかに鉐石二種およびコヲルド（和名シャムデイ）なども入手した。鉐石とは自然銅に類したもの、コヲルドとは赭黄色の顔料、オランダからの輸入品であるが、それを彼は国内でみつけたのである。また宝暦十二年九月成立の、彼の紀州侯への上申書『紀州産物志』によれば、彼が諸国で採薬した結果、「本邦古人のいまだ不レ考品」であって彼が始めて発見したものに、伊豆では芒消・鉐石・コヲルド・山豆根、讃岐では画焼青・巴戟天・鼠矢様の金剛石、ほかに駿河の石筆、上総の塩薬、遠江の蛇含様の自然銅があるとしている。

以上の諸品は、源内主催の宝暦十二年閏四月の物産会に、ほとんどみな出品されている。画焼青は染付の釉薬につかうゴスのこと、巴戟天はすでにのべた。塩薬は、芒消のたぐいと考えてよい。このうち山豆根と巴戟天は、師の田村元雄が、ともに宝暦八年

（一七五八）肥後（現熊本県）において採集した。このことは源内自身も認めているのであるから（『物類品隲』参照）、彼は要するに、前者を伊豆、後者を讃岐において、それぞれ改めて採集したにすぎないのである。

通魏著『龍骨弁』

また源内は、宝暦十年（一七六〇）十二月、源通魏の名で『龍骨弁』を刊行したと、源内研究家の間では広く信じられている。『平賀源内全集』編者も、これが源内の著述であることを認めて、同全集補遺に収めた。漢文でかかれた化石論で、序者は、井通熙こと井上蘭台、題辞は紀徳民こと細井平洲、跋文は平鱗こと沢田東江である。この顔ぶれからみても、源内の著述であることを疑うべきであるが、内容のうえでも、源内の他の諸著述の記載と矛盾するところが少なくない。

源内と通魏とは別人

通魏はやはり源内とは別人で、井上豊氏の『賀茂真淵の業績と門流』によれば、安達修（清河）編の詩集『嚮風草』初編に、「源通魏、号二金龍一、信洲人、仕二中津侯一、居二萱葉街一」とあるという。通魏の姓は宮沢であるが、源とも称したらしく、医者を業とした。そういえば、『龍骨弁』末尾広告にも、近刊予定書として、『毉原　五巻』および『傷寒薬性弁　三巻』をあげ、また富士川游博士の『日本医学史』には、源通魏著『万病皆欝論』の名がみえる。さらに『薬学古書文献目録』には、宮沢通魏著『龍骨弁　一』が収められ、これはもちろん源通魏著『龍骨弁』のことであろうから、通魏と源内とは全く別人であることは、もはや疑う余地がない。

四　旭山との仲たがい

附　このころの彼の生活

旭山いかる

源内は高松藩に辞職願を出すにあたり、これから大坂の戸田旭山の門に入り、医術に専念したいといいたてたらしい。ところがその願いに対する許可状がおりてからも、彼は一向に大坂にやって来ない。旭山を利用するときには利用し、あとは知らぬ顔というていたらくである。これに対して旭山は、気骨がある人物といわれただけに大いに憤慨したらしい。そのうえ高松藩に対する、旭山としての義理もある。すなわち旭山のもとで医術に専念したいと源内がいいたてるについては、もとより旭山も了解を与えていたはずであるから、源内が大坂に来ないとすれば、結果的には旭山も源内とぐるになって高松藩主をだましたことになる。そこで旭山は、一つには同藩に対する申し開きの意味もあって、

勘当するといいふらす

門人源内を勘当するといいふらす。それを耳にした江戸の田村元雄や、それ

から讃岐の久保久安が、このことをつたえる書簡を源内に出し、同時に彼に旭山を刺激しないよう忠告する。

源内のいい分

これに対し源内は、親しい久安に向い、自分は江戸において幕府から伊豆芒消御用という役目を仰せつけられ、その仕事に従事してきた。このことは旭山も、それから高松侯も知っているはずである。また「今春」＝宝暦十二年春以来、この芒消を広めるよう田沼意次から老中がたへ言上している矢先であるから、自然自分の大坂行もとどこおっているのであるといい、改めて開き直ったように、自分は旭山に対しなるほど弟子分にして教授願いたいと、かつていった覚えはある。しかしそれは門人にしてくれという意味ではなく、自分が片手間に学んでいる医術につき、上手な先輩になら誰にでも習うというほどの軽い意味である。それを旭山の方では弟子入りしたものと勘違いをし、勘当云々といいふらしたりするのは、まことにおとなげなく笑止千万であるとする（久安あて書簡）。

この仲たがいはけっきょく、源内の方が大坂へ行き、旭山にわびを入れて片がついたものと思われるが、それにしてもついこの間まで源内は、「我ガ旭山先生」（前出）とまでいっていたのに、その舌の根のかわかぬうちに、「戸田」とか「斎」とか呼びすてにして憚らないのは、やはりどうかと思われる。

奇石・珍石の売買

ついでにこのころの彼の生活にふれておくと、まず彼は奇石・珍石の売買・斡旋にあたって利を得ていた。すなわち当時は一種の弄石趣味が、大名などの上流人士の間に流行していたので、源内は奇石・珍石を手に入れ、これらを彼らに売りつけていたらしい。友七あての書簡にも、「伊勢様兎角珍らしき石御好み成され候。沼津の鳧石も二両にお付け成され候。十両と申し売り申さず候。」とある。このころ石の大家として自他共に許していたのは近江の木内石亭であるが、彼はその著『雲根志』のなかで「舎利貯石」のことにふれ、源内が相模の海岸で得た同石ほど珍しいものは、自分はかつて見聞したことがないといっている。

薬種ブローカー

つぎに源内は、薬種関係の仲介・売買にもたずさわっていたのではないか。すなわちその採種者と商人との間にたって、仲介して利を得るブローカー的な仕事のほかに、その種の産物を扱う商人のために鑑定してやって、鑑定料を得ていたものと思われる。さらに彼自身が薬種の売買にも直接あたっていたことは、友七あての書簡に「向山へ薬草遣し申すべく候。製法人参等遣し申すべく候や、様子御聞き成さるべく候」といっていることによっても、よくわかる。向山とは、志度の薬種屋であった。また清太夫あての書簡では、雨畑山(山梨県)産の黄蓮を、場合によったら「医者どもへ内々にて売遣し申すべく候」ともいっている。要するに、

産物何にても御買出し、此元へ遣はさるべく候。売上げ申すべく候。(友七あて書簡)

というのが、彼の立場であり、これによって彼は生活の資を得ていたものと思われるのである。

第三　宝暦末年

一　『物類品隲』とオランダ博物学への傾斜

その刊行

宝暦十三年（一七六三）、彼の三十六歳の七月、源内は『物類品隲（ひんしつ）』を刊行した。宝暦七年から同十年までに開かれた四回の物産会の出品物七百数十種、それに宝暦十二年の物産会出品物千三百余種を加えた合計二千余種の中から重要なもの三百六十種をえらんで、それを分類し、適当な解説を加え、産地を示し、上・中・下の三品に分けたものである。

鉱物に重点がおかれる

ところで二千余種のなかから、三百六十種を重要なものとしてえらび出すについては、やはり時代の影響を受けざるを得ない。すなわち尾藤正英氏も指摘しているように、金石類が百十七種に及び（「江戸時代中期における本草学」『東大教養学部人文科学科紀要』一一）、本草書としては異例なほど鉱物の数が多い。これは宝暦十三年三月、幕府によって発せられた銅山開発令によって象徴されるような、鉱物資源の開発をめざす風潮が然らしめたのである。要するに当時においては、

『物類品隲』

広義の本草学のなかでは物産学、物産学中では鉱物の学が特に重視されたのであった。いうまでもなく物産学は、広義の本草学の一分科であって、産業上有用な諸物産を動・植・鉱物にわたって研究する学問であり、源内はこれを得意とした。『物類品隲』もいずれかといえば物産学的な著述であり、そのため同書は中国の産業技術書『天工開物』や、鉱物の記述を主とした博物書『物理小識』をしばしば引用している。

『物類品隲』は本文四巻、図絵一巻、附録一巻計六巻よりなる。附録一巻は、「朝鮮人参試效説」および「甘蔗培養並砂糖製造法」を収めた。彼の著『紀州産物志』をみてもよくわ

人参と砂糖

かるように、人参と砂糖は、当時においては最も有用な産物と信じられた。すなわち人参は「薬品中第一之物」(『紀州産物志』)とされ、砂糖はまた「常ニ人家ニ用(ユ)ル」(『物類品隲』)生活必需品であった。ところがいずれも外国からの輸入にたよっていたので、それらの国産を興し、自給の態勢をととのえて、正金銀の流出を防がねばならない。源内はそれを目的として、これらの栽培法や、砂糖の場合は製造法も明らかにし、諸国における栽培・製造の一助たらしめんとしたのである。

分類博物学的著述

『物類品隲』は、けっきょく源内の本草・物産学者としての主著となった。それは彼の著述だけに才ばしっており、いままでの通説や先学の諸説を訂正したところも少なくない。しかし本文は分類博物学的の著述とみるほかはないから、本草・物産書としての価値は、必ずしも重要ではないといえよう。

オランダ博物学への関心

さて源内は、『物類品隲』において、オランダ博物学への強い関心を示した。すなわちベレインブラーウ・カナノヲル・ロートアールド・泊夫藍(サフラン)など十数種類の薬物・物産を問題にし、また開巻早々「薔薇露」をとりあげて人目を驚かせた。これは彼自身が意識しておこなったことらしく、また『品隲』凡例においても、物産会そのものがすでに

「和漢蛮種」をえらばなかったことを明らかにしている。そして同書に図絵一巻をそえたのも、従来の本草書の形式――たとえば『本草綱目』『大和本草』の形式にならったとはいえ、そこに描かれた「珍品」三十六種のなかには、オランダ博物書の図譜・さし絵の模写と思われるものもいくつかあり、なかには泊夫藍の図のように『紅毛本草』、すなわちドドネウス著 Cruydt-Boeck さし絵の臨模であることを明らかにしたものもある。

外国種の取入れ

さて源内のオランダ博物学への関心は、明和二年（一七六五）刊行の『火浣布略説』の末尾広告中の刊行予定書のうえにもあらわれ、彼の書いたと思われる解説によると、『日本穀譜』以下十種類の図譜には、各品の名称に「蛮名」をも付するのみならず、「其ノ外国ノ種、生活乾腊(けんせき)ヲ論ゼス、各品ノ後ニ類附シテ、以テ博考ニ備フ」という。すなわち、外国種は生きているもの、あるいは乾かし、腊葉(おしば)にしたものをえらばず、図にして各品の後に類附しようとした。そのうえ各品の図そのものが、オランダ博物書の図譜・さし絵にみ

写実的なさし絵

られるような写実画であったらしいことは、『神農本草経図註』の説明文に「薬品の諸図、工ヲ撰ビテ写生ス。形似真ニ逼(せま)ル」といっていることによっても推測がつくであろう。要するに源内は、『物類品隲』の時代からそうであったが、その後はいよいよオラ

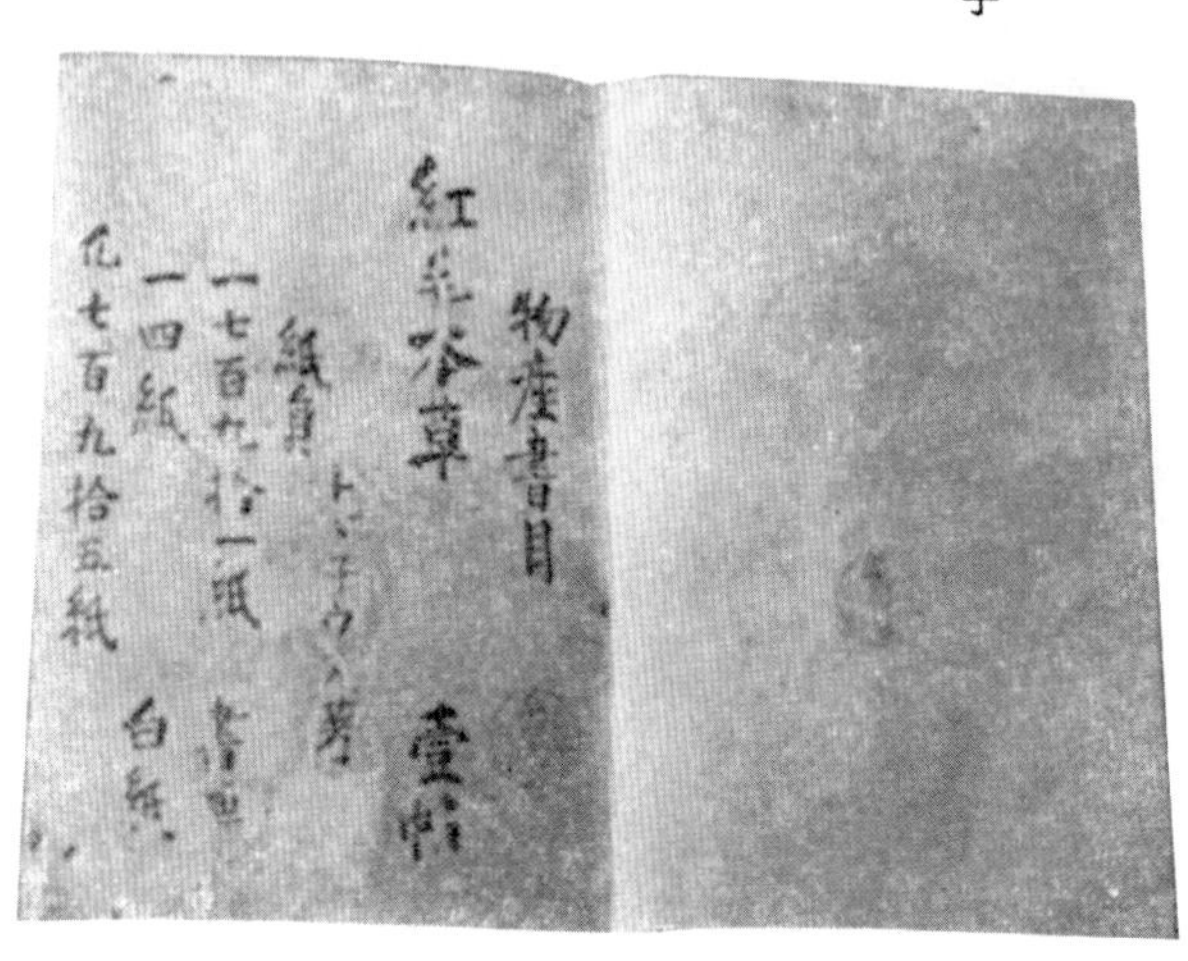

『物産書目』（顕彰会蔵）

ンダ博物学への傾斜を示し、その知識をできるだけとり入れようとしたのであった。宝暦末年から明和にかけて盛んにオランダ書を入手し、彼の蘭書目録の全部または一部と見るべき『物産書目』によっても、宝暦十一年五月『紅毛花譜』、明和二年（一七六五）三月『紅毛本草』、同三年三月『紅毛介譜』、同四年三月『紅毛虫譜』、同五年三月『紅毛禽獣魚介虫譜』等々を手に入れていることが知られる。

　ところで外国の物産を知ろうとすれば、できるだけオランダ人や通詞に質問して教えを乞わなければならぬ。幸いオランダ甲比丹(カピタン)が医者や通詞をつれて毎年江戸参府をし、しばらく本石(ほんごく)町（折込み地図参照）の長崎屋に滞在する。この機会を利用して蘭学に関心のある人たちは盛んに長崎屋に出入りしたが、源内も勿論その一人であった。そして例えば宝暦十三年三月には、紀州方言でいう「ヅクノ木」が、オリーブ樹ではないかとオランダ医官ポルストルマンに質し、その同意を得た（ただしこの時源内が得た知識は正しくなかった）。同じように宝暦十一年、オランダ医官「パウル」に、小豆島産の「龍角」を示し、それが蛮産のスランガステインであることを確かめた。

龍角がスランガステインであり、また「ヅクノ木」がオリーブ樹であることをはじめて唱え出したのは師の元雄であり、源内はそれらをオランダ人に再びたしかめたにすぎない。

いずれも図譜・さし絵入り本

また源内は、オランダ書の内容についても知ろうとした。しかし彼にはオランダ語を読解する力がほとんどなかったから、入手した上記の蘭書は、いずれも図譜またはさし絵入り本である。それらについて図だけを見ていても、ある程度内容の見当はつく。このことを源内は人に語って、

右の通(り)図画仕り候得ば、文章は功能のみにて相済み候故、甚だ弁利に御座候。
（河津善蔵あて書簡）

といった。文章の方は「功能」をしるした部分のみを読めばよいので、はなはだ便利で

あるというのである。

「実測窮理」

外国の物産に関心を持つと、それが次第に拡大・強化され、オランダ博物学ないし蘭学の特徴にも、おぼろげながら気がつくようになる。『蘭学事始』にも、その間の事情を玄白と源内の対話として伝え、「追々見聞する所、和蘭実測窮理のことどもは驚き入りしことばかりなり」とした。これはもちろんオランダ書にみられる正確な図譜、写実的なさし絵などを見て彼らのいだくに至った感想にすぎぬであろうが、「実測窮理」の語は、井上忠氏の指摘しているように、蘭学＝西洋自然科学のもつ実証性と合理性の両側面に、早くも彼らが気づき始めたことを示すものと思われる（「古学派から洋学へ」、三枝博音記念論文集『世界史に於ける日本文化』所収）。そこで彼らは、オランダ書を翻訳して、これらのことを確かめたいと考えるようになり、同じように源内と玄白が、

若し直（ち）にかの図書を和解し見るならば、格別の利益を得ることは必せり。（『蘭学事始』）

と語りあうようになった。

通詞に読解させる

ところがその翻訳の方法につき、彼らは最初、オランダ書を長崎の通詞に「読み分け」（同上）させたら、それで事足りると信じた。源内はこの考え方を最後まですてなかったが、

玄白は途中から考えを改め、オランダ語の基礎からやり直さなければならないと信じはじめた。そして『解体新書』の翻訳事業に参加することによって、その確信をいよいよ強めるにいたるのである。

河津善蔵あて書簡

一方源内は、通詞に「読み分け」さす方法でオランダ書をよみ、特にその「功能」の部分を読解することによって、オランダ博物学の新知識を、在来の本草・物産学に導入・添加できると信じた。そこで、明和四年(一七六七)の河津善蔵あての書簡(早稲田大学図書館蔵)においても、彼は近ごろオランダ人にたより「蛮国の種類」を心掛けていること、ドドネウスの『紅毛本草』以下の蘭書を入手したこと、それらから思いつき、『火浣布略説』の末尾に出しているような諸著述を計画していること、等々を語っているのである。

二　風流の志

学問的行きづまり

オランダ博物学へ大きく傾斜し、その知識を少しでも多くとり入れようとする彼の努力はしかし、語学力がないことによって大きく阻(はば)まれた。またたとい通詞に読解させるにしても、江戸にいてはそれも思うに委せない。これらの関係から彼の意図した本草・

物産学の新たな方向も、とかく行きづまりがちとなり、たとえば『火浣布略説』末尾広告にあげた著述類も、その進行が一向はかばかしくなかった。本領とする学問が思うように行かぬとなれば、余技である文芸の類につい手が出る。

文芸に手を出す

それに源内は、もともとその下地があり、早くも幼少のころから『太平記』や『三楠実録』を愛読し、青年時代には俳諧に熱中した。それが二十九歳のときはじめて江戸に出て来、林家について儒学を学んだり、賀茂真淵の門に入って歌学・国学を習ったりした。絵画の心得も多少あったから、生来の「風流の志」が、彼の学者としての活動の裏側において、燃え続けていたと思わなくてはならない。

文人仲間

それに彼は、出府後のしばらくは学問に熱中して、どちらかといえば頭のかたい連中とつきあうのみであったが、馴れてくると当時の江戸のインテリである、文人仲間との交渉も生じはじめる。内藤新宿の煙草屋稲毛屋金右衛門＝平秩(へずつ)東作(とうさく)や、その友人川名林助＝南条山人とのつきあいがそうであり、山岡俊明とも真淵門で知りあうようになった。東作は稀にみる多芸・多趣味の人で、儒者としても名を知られ、同時に狂歌師・戯作者でもあるという硬軟あわせもつ人物であった。林助は若くして官を辞し、居所を定めず、江戸では諸方に寄食し、また諸国を流浪した。俊明は四百石どりの幕臣、のち国学者として名をなすが、俗文芸にも手を出して、宝暦三年（一七五三）には、泥朗子（でいろうし）という匿名（とくめい）で洒落本（しゃれ）『跖婦人伝（せき）』を出した。

『木に餅の生弁』

さて源内はこれらの人々、特に前二者と深く交わることによって、インテリ社会ないし文人仲間のアウトサイダー的気安さ・自由さを身につけるとともに、生来の文学好きの癖をつのらせたことであろう。そしてついに戯作・狂文に筆を染めるに至り、宝暦十一年には短編『木に餅の生弁（なるべん）』をものした。直ちに刊行されたかどうか明らかではないが、これは木に餅がなったといって大騒ぎしている、当時実際にあった事件をとりあげ、その実物を持参に及んだ門人に対し、それは木に生じた病であって餅ではないと誡める。そして餅になるのは稲だけだと結ぶ。この結論にいたるまでに本草学的なややこしい談義をさしはさみ、けっきょくは教訓を垂れるという仕組み、当時流行の談義本の定石をいったものと考えてよい。のみならずこの作は、まず世間で評判になっている事件をとりあげ、それに意表をつくような突飛な解答を与える。驚く読者に諷刺・滑稽・揶揄（やゆ）をとりまぜて徐々に説明を試み、最後に驚きを解くという、彼の後の諸短編にみられる特徴が早くも出ている。

さて当時の江戸では、談義本が流行していた。談義本とは、談義僧の口調をまねた教訓・滑稽本である。その名作『当世下手談義』が宝暦二年（一七五二）江戸で刊行され、世間の評判となってから、それを見習った諸作がつぎつぎに出た。源内の場合も、仕官お構いが定まってからは、戯作・狂文に身をいれたとみえ、宝暦十三年（一七六三）、彼の三十六歳の時、やや長編の小説『根南志具佐』前編・『風流志道軒伝』を相次いで刊行して世間を驚かせるが、これらの小説類ももとより談義本であった。そして彼は、『根南志具佐』前編巻四で、『下手談義』の作者静観坊の名をあげ、また前編をひきついだ『根無草後編』自序では、それが「神儒仏のざく〳〵汁、教（へ）のはしくれにもならんかと」という風に、談義本的教訓の書であることを明らかにしている。

貸本屋岡本利兵衛

談義本の作者は、多くはインテリの素人作家であるが、源内の場合も、新進・気鋭の学者であったばかりでなく、かなりの文才の持主であるということが知れわたっていたとみえ、同じ町内に住む貸本屋の岡本利兵衛が、彼に小説の執筆を乞い、それにこたえて書いたのが『根南志具佐』前編ということになっている。『風流志道軒伝』も、初版奥付に岡本理兵衛（利兵衛と同一人か）の名も見えているから、この二作は、のちの『根無草後編』とともに同じ人物の依頼によって書かれたものと考えてよいであろう。

三　『根南志具佐』前編・『風流志道軒伝』

『根南志具佐』前編はすべて五巻、宝暦十三年（一七六三）九月に成立し、十一月に刊行された。序者黒塚処士、跋者「扇放さず山に住人」は、ともに源内自身のことであろうと、中村幸彦氏は推測している（岩波書店『風来山人集』解説）。歌舞伎役者荻野八重桐が隈田川の中洲でしじみをとっていて溺れ死んだという、当時評判の事件を題材にし、これに地獄のことを付会したもので、その多くは架空・虚構の作り話である。源内もこのことにつき、同書自序で、「只人情を論」じた「虚言八百」にすぎないといっているが、のちに成った戯文『里のをだ巻評』自序でも、「針を棒にいひなし、火を以て水とするは、我が持まへの滑稽」としている。その滑稽を媒介として教訓をとくのが、当時の談義本の定石であり、『根南志具佐』前編もすぐれた意味で、この系譜に属する。

「人情」を論ず

周知のように談義本は、宝暦末には教訓性の後退がめだち、むしろ滑稽が表面に出てくる。さらにいえば、最後は教訓を説くが、それにいたるまでに作者が見出した社会の

社会の穴をうがつ

『根南志具佐』前編

穴をうがつ——その欠点・不条理を明らかにするという方向をとり、現実暴露のわらいが教訓を圧倒して、むしろ諷刺性の強いものとなる。そして源内の作品は、その見本であるといわれ、『根南志具佐』前編のごときも、ただに趣向が奇抜であるのみならず、その諷刺・毒舌は、かなりの程度辛辣なものとなった。いったい死んだ人物を登場させる形式の一つに地獄物があるが、西鶴作と偽称せられる『小夜嵐物語』や、宝暦五年（一七五五）に江戸で刊行された『不埒物語』などの明らかな影響をうけて、『根南志具佐』前編も地獄物の趣向をとった。しかし描かれているのは地獄のことであるが、それは現実の投影としてであり、さらにいえば現実を地獄や龍宮の有様に見立てて描いているにすぎない。されば この小説は、架空・虚構の作り話を主としたものでありながら、それでいて強い現実批判・社会批判の意味をもつ。たとえば、

> 近年ハ人の心もかたましくなりたるゆゑ、様々の悪作る者多く、日にまして罪人の数かぎりもあらざれバ、前々より有来(ありきたり)の地獄にては、中々地面不足なりとて、閻魔王こまり給ふ折を窺(うかが)(い)、山師共は我(が)一と内証より付(け)込(み)、役人にてれん追従(ついしょう)・賄賂などして、さま〳〵の願を出し、極楽海道十万億土の内にて、あれ地を見たて、地蔵菩薩の領分、茄子畠の辺までを切(り)ひらき、数百里の池を掘(り)、蘇枋(すおう)を煎じて血の池をこしらへ……

というのは当代のカリカチュアでなくて何であろう。要するに「君聞カズヤ地獄ノ沙汰モ金次第」(大田南畝『寝惚先生文集』初編)というのが、宝暦・明和期の世相でもあったのである。

このほか、僧侶の放埒、藪医者の横行、芝居の堕落などをあからさまに論義したくだりは、諷刺の域をこえて、毒舌・嘲罵に類するものとなっている。これは対象とある程度距離をおいて、冷静・客観的に批判することのできなかった、彼の癖、あるいは欠点

を露呈したものであろうか。

「宝暦始終の華」

こうして『根南志具佐』前編は、その題材・趣向の奇抜さ、滑稽・諷刺の味、素人作家らしい天衣無縫な表現などによって、大いに世の喝采を博し、「これを鬻ぐこと三千部に余」（同書自序）ったという。三千部とはただ数が多いという意味であろうが、これには源内としても気をよくしたにちがいない。朋誠堂喜三二の『古朽木』序に、『根南志具佐』前編を『当世下手談義』とともに「宝暦始終の華」とほめそやしたのも、その作柄および流行を称したものであろう。

深井志道軒（『風流志道軒伝』口絵より）

深井志道軒

『風流志道軒伝』の初版は、宝暦十三年十一月の刊行である。志道軒は実在の人物で、南畝によると、志道軒、姓は深井氏、江戸浅草馬道大長屋といふ所に住めり。浅草寺のうちに一の茶店をかまへて軍書を講ずる事久し。その講をきくものゝ中に僧と女とあればこれをにくむ事甚しく、陰形の木を以て節を撃ち、猥雑の語を以て交接の形をなす……此時に不諱(ふき)の朝にあたりて誹謗の禁なし。故に新令出るごとにまのあたりこれをそしりていさゝかも忌む事なし。……明和二年乙酉三月七日死す。(『一話一言』)

和製『ガリバー旅行記』

という。世間をすねた江戸の講釈師、「終日おかしく取しきりもなき事のみをしやべ」(『塵塚談』)る、このせむしの小男の評判が高くなって、たとえば『冬至梅宝暦評判記』では、「講釈の名人……玄妙の仕打外になし」と評した。その滑稽さや、そのことを通して諷刺し教訓するところ、さらに僧と女を目のかたきにするところなどが源内の気にいったとみえ、彼は一応志道軒の伝記をかくというポーズをとる。しかし書きあげられた『風流志道軒伝』は、羽扇による異国めぐりといった構想の、ほぼ完全な作り物語で、しばしば『ガリバー旅行記』に比較される。そして作中の主人公浅之進＝志道軒の指導・助言者として風来仙人という源内らしい人物を登場させ、いいたい放題のことをいわせる。僧侶論、医者論、末流の儒者論などは、例によって例のごとくであるが、この小説では、彼のごとき「賢者あれども登庸(あげもちゆる)ことを知」らない世の有様、それに対する、不平・不満を露骨に出している。また異国めぐりの途次浅之進＝志道軒がもらす見聞・感想のなかに、現実社会に対する諷刺・批判がみられることというまでもない。

世界の人情を知る

梗概(こうがい)は、浅草観音の申し子として生れた志道軒は、親の意向で出家させられるが、たまたま風来仙人に会い、僧侶・仏教の腐敗ぶりを指摘される。そして本当の修業は人情をきわめることにあると教えられ、飛行自在な羽扇を授けられる。浅之進はこれを用いて、吉原をはじめとする全国の遊里をめぐり、続いて諸外国まで足をのばす。そして大人国・小人国・長脚国・長臂(ひ)国のような珍しい国々や、「莫剛爾(もうる)・占城(ちゃんぱん)・蘇門塔剌(そもんだら)・浡泥(ぼるねう)・百児斎亜(はるしや)・莫斯哥米亜(むすこうびや)・琶牛(べぐう)・亜剌敢(あらかん)・亜爾黙尼亜(あるめにや)・天竺・阿蘭陀を始として、其外の国々」を「遊ぶ事を第一」としてまわる。最後は女人国にいたりつくが、ここでは男娼にならされ、女たちをもてあましているとき、風来仙人が再びあらわれ、浅之進に、世界の人情を知ったうえは故国日本にかえり、名も志道軒と改め、「をどけ咄(ばなし)に人を集め、浮世の穴をいひ尽して」、人を誡めよと教える。そして浅之進は、飛び去る仙人の杖にすがるとみるまに、はや浅草につき講釈をはじめようとしていたというのである。

「魔羅坊」たる所以

浅之進＝志道軒のへめぐった国々の名は、『和漢三才図会(ずえ)』や『増補華夷通商考』にも載っているはずである。しかし世界の国々を遍歴させるという筋は、鎖国の枠にとじこめられた当時の人々に、大きな刺激を与えたにちがいない。その物珍しさの間に、志道軒の常に手放さない陽物の由来を語った。すなわち志道軒はこれで机をたたきながら講釈をしたが、時にはそれを用いて男女のなれしたしむ有様などさまざまな仕草を見事にやってのけた。そこで彼は世間の人から「魔羅(まら)坊」と呼ばれるが、『風流志道軒伝』は志道軒の魔羅坊たる所以を明らかにしたものでもあるから、これも一つの伝記といえないこともない。題名に冠した風流は、その種の「滑稽猥雑(わいざつ)」の意味である。

「作者の巨擘(おやだま)」

さて『根南志具佐』前編やそれをうけついだ『根無草後編』、および『風流志道軒伝』は、後世に大きな影響を与えた。その構想・行文を真似るものがあとをたたず、地獄物・遍歴物の形式をとる作品がつぎつぎにあらわれる。そして彼は、これらの一連の小説類により、ついに「作者の巨擘(おやだま)」（『飛花落葉』によせた森島中良の跋）と目されるにいたるのである。

四　風来山人の誕生

一貫した筋を設ける

さて源内のこれらの小説類は、すでにのべたように、談義本の系譜に属するが、談義本は教訓を主眼にし、しかも巻ごとに異なる教訓・談義をおこなうのが普通である。そこで構想・筋立てがたてにくいが、源内はこれらの小説において一貫した筋を設け、かつての八文字屋本の読物にみられるような味を出している。

独特な諷刺・揶揄

つぎに源内は、滑稽の間に教訓を説くという談義本の定石を襲いながら、その教訓はかつての談義本のように、既成の道徳や政治体制によりかかったものではなかった。むしろ彼の人生観・世界観の癖をかなり露骨に出すとともに、その個人的な不平・不満も遠慮なくさらけ出した。そこに独特な諷刺・揶揄も生れ、時には毒舌・悪罵が飛び出すことにもなるのである。

こうして彼の一連の小説類を通して談義本は、従来のような教訓、それも背後に権威をひかえたような窮屈至極なものから、むしろ庶民的な滑稽を主とする自由・気楽なものとなった。この意味で天放山人が、「筥根（はこね）から此方（こっち）に何やらのなきこのかた、狂文戯作（おもしろぼん）

滑稽文学の先達

の弘まりしは、此風来子に止（とど）(め)たり」(『飛花落葉』跋)といっているのは、源内を江戸における滑稽文学の先達として認めたものとして興味ぶかい。いうまでもなく談義本は、いわゆる初期滑稽本として、文学史上滑稽本のなかに包括されるが、源内の作品は、十返舎一九や式亭三馬にはじまる、狭義の滑稽本のさきがけとみられるふしもある。

洒落本的要素

　また彼の作品には、洒落本的な要素もある。すでにその文章が洒落本に用いられている伝統的な手法によっているといわれ(本田康雄「洒落本・滑稽本の本質を求めて」『東大教養学部人文科学科紀要』七)、また内容からしても、洒落本的要素としか評価するほかはないものが、いくつかあるのである。すなわち彼の小説類は、遊里を舞台とした場面がかならずあり、しかもその世界をかなり精細に描いている。のみならず「漸（ようやく）佳境に入たるを粋といひ、又通り者といふ」(『風流志道軒伝』)、あるいは「野夫あれば通り者あり」(『根無草後編』)という風に通や野暮の論を織りまぜ、そのうえ「世間の穴」(『根南志具佐』前編)・「浮世の穴」(『風流志道軒伝』)を適当にうがつことを忘れない。また『根無草後編』の男色・女色優劣論や、『根南志具佐』前編の狂言論などは、小説的な構成をとらない種類の洒落本であるといえないことはない。これらの点から、彼の小説のなかに洒落本の祖型をみ、さらにのちに彼の狂文集を集めた『風来六部集』を「晒落本の根元」と板元の伏見屋善六がいったように、洒落本的な要素もたしかにあるのである。しかし遊里の精細な描写や粋の論なら、すでに上方の八文字屋本のあるものにもみられ、談義本は八文字屋本の気質物の系統から出ているともいわれるので、上記のような特徴が彼の小説類にみられるにしても別に不思議ではない。少なくとも、滑稽とうがちを遊里に限定して、瑣末な情景描写や、遊里人種の言語と風俗による類型描写がそれほどめだたないという意味で、洒落本との関係は、あまり重視すべきでないであろう。要するに源内は、江戸文学の開拓期の素人作家であったから、先行の諸作品の強い影響をうけるとともに、後来の江戸文学の諸部類、たとえば狭義の滑稽本・洒落本さらに黄表紙などのもつ諸要素も併せもっていたのである。

開拓期の素人作家

ついでにいいそえたいのは、彼の文章である。それは後世「平賀ぶり」と称せられるもので、その観察の細かさ・確かさ、たくみな古典摂取、対句風の簡潔な表現など清新にして潑剌、しかもある場合は俳文脈、ある場合は浄瑠璃がかり・歌舞伎調などまことに変幻自在である。いま『根南志具佐』前編巻四のはじめの部分をあげてみると、

平賀ぶり

行(く)川の流はたへずして、しかももとの水にあらずと、鴨の長明が筆のすさミ、

> 硯の海のふかきに残るすみだ川の流、清らにして、武蔵と下総のさかいなれバとて、両国橋の名も高く、いざこと問(は)むと詠じたる都鳥に引かへ、すれ違ふ舟の行方ハ秋の木の葉の散浮(ちりうかぶ)がごとく、長橋の浪に伏(す)ハ龍の昼寝をするに似たり。かたへにハ軽業の太鼓、雲に響(け)バ、雷も臍をかゝへて逃去(り)、素麪(そうめん)の高盛ハ、降つゝの手尓葉(てには)を移(うつし)て、小人島の不二山かと思ほゆ。長命丸の看板に親子連ハ袖を掩ひ、編笠提(さげ)た男には田舎侍懐(ふところ)をおさへてかた寄(り)、利口のほうかしは豆と徳利を覆(くつがえ)し、西瓜のたち売りは行燈(あんどん)の朱を奪ふ事を憎(む)。虫の声々は一荷(か)の秋を荷(にな)ひ、ひやつこい〱ハ清水流(れ)ぬ柳陰に立寄(り)、稽古じやうるりの乙(おつ)ハさんげ〱に打消(さ)れ、五十嵐のふん〱たるハ、かば焼の匂ひにおさる……

と。この調子が彼の独壇場(どくだんじょう)で、多くの愛読者をあつめた所以(ゆえん)でもある。

風来山人・天竺浪人

さて源内の戯作(げさく)のうえの戯号風来山人・天竺浪人は、いったい何を意味するのであろうか。風来は風のごとく来り、風のごとく去る浮浪人の意味、山人は世捨て人の謂(いい)であるが、この場合は単に風来にそえた語にすぎぬであろう。天竺は逐電(ちくでん)の倒語といわれ、やはり浮浪人のことである。

宝暦末年、戯作・狂文をかきはじめるころの彼にとって、浮浪人とはそもそも何を意味したか。その第一は、当時の彼は完全な浪人になっていたから、天下の浪人という心意気を、この戯号にこめたといえよう。第二に彼のような「賢者あれども登庸こと知（『風流志道軒伝』）らない世の有様に愛想をつかし、隠逸・韜晦の思いを深くしたので、その心境をこの種の戯号で表白したと考えることもできる。そして恐らく彼は、この二重の意味をこめて、浮浪人だから社会に対して責任がなく、「虚言八百」（前出）もかきならべることができるとしたのであろう。

諷刺作家誕生

風来山人・天竺浪人の誕生について、それは高松藩から仕官を構われた彼が、その失意や不平・不満を文芸に託して吐き出したものとする見解が古くから有力である。たとえば水谷弓彦氏はその著『平賀源内』（明治二九年刊）において、源内は「積る不平を戯作に寓す」としたが、暉峻康隆氏は、この見解を一歩すすめて、仕官お構い事件による失意の結果、「科学者平賀源内が突如として諷刺作家風来山人」（「平賀源内研究」『近世文学の展望』所収）に転じたとした。

暉峻説

しかし暉峻氏のように仕官お構いと風来山人の誕生を端的に結びつけ、前者が後者の直接の原因であるとするのはやはり問題ではなかろうか。すなわち両者の関係はむしろ間接的とみるべきで、構いをきっかけとして源内は、素人(しろうと)の作者仲間とのつきあいを深め、やがて彼自身が通人学者となり、さらに文人となる。そしてついに戯作・狂文の類(たぐい)に手を出すにいたったと解すべきではなかろうか。

いったいこの時代は封建制の行きづまり、身分の固定化がはなはだしく、そのために武家社会・官僚社会に割りこむことができないインテリが、そこら辺に一ぱいいた。彼らは通人ないし文人仲間を形づくって、一種の耽溺(たんでき)と韜晦(とうかい)のポーズを示していたが、源内も仕官を構われてからは、彼らの仲間にみずから求めて投ずるにいたったと考えられる。そして当時の通人・文人、特に文人は、自己の才芸を世間に認めさせる手段として盛んに俗文芸に手を出したが、源内も彼らと同じことをしたまでであり、これがすなわち風来山人・天竺浪人の誕生にほかならないと考えられよう。そのうえ彼は、オランダ博物学に関心を示したばかりに、ある種の学問的な行きづまりに陥っていた。そのスランプ状態に乗じて、かえって生来の文芸趣味が頭をもたげ、俗文芸にもつい深入りすることになったのではないかと察せられるのである。

第四　明和期＝学問の足踏み時代

一　火浣布と寒熱昇降器

学者として大成することを望む

明和に入ってからの源内も、やはり本草・物産学者――それもオランダ博物学の知識を取りいれた、学問的にも時代の先端をゆく学者であろうとした。そして『火浣布略説』末尾広告のような著述類も計画し、それらが完成すれば中国やオランダへも輸出して、これらの国人の肝をつぶさせるつもりであるといっている。

石綿製の布

しかしながら、この期の源内は、同時に産業技術家となり、また企業にも進出する。まず彼は、明和元年（一七六四）彼の三十七歳の時、武蔵国那賀郡猪俣村（現埼玉県児玉郡美里村ただし『埼玉県史』による。）の中島利兵衛を訪問し、同家に滞在中秩父郡中津川村の両神山（りょうがみ）にのぼり、石綿を発見した。たまたま友人中川淳庵から石綿で火に焼けない布は織れぬものかと相談をかけられていた矢先だったので、彼はすぐに布を織ることを思いつき、中島家一族の協力を得て、やがて完成する。火浣布がこれである。火浣布の浣はあらうの意、もしこの布が油や墨でよごれたときは、火に投ずれば汚れはことごとく焼けおちる。その有様はあたかも浣うがごとくであるからそういい、古くからある中国の熟語を利用したものである。源内はこれで香敷をつくり、官儒青木昆陽の手を経て、江戸参府の甲比丹にみせ、将軍にも献じ、幕府の高官たちにも贈った。また幕府の手を経て長崎の中国人に香敷をみせたところ、それを珍しがった彼らは、改めて丈九尺一寸、幅二尺四寸の馬掛羽織を注文したという。

火浣布（源内の織ったものと伝える）

いずれにしても源内は火浣布を大いに自慢にし、「日本は申(す)におよばず、唐土・天竺・紅毛にても開闢以来出不レ申」（『火浣布説』）と、その独創性をほこったが、しかし彼の戯作上の弟子森島中良によると、

オランダの火浣布

中良の兄桂川甫周が源内から得た石綿をオランダ人アウレントウヰルレンヘイトに見せたところ、それは極めて上質であると彼はほめ、これで火浣布を織ると見事なものが出来るであろうといった。そしてわが国でもこのようなものが出来ると、大きさ二尺四方ばかりの石綿製の手拭を示したという（『紅毛雑話』）。

需要おこらず

これに反し源内のつくった火浣布は、大きさがだいたい一〇センチ内外にすぎず、しかも布といっても折りたたみも出来ないので、実用性がなく、評判の割には需要がおこらなかった。しかし彼は、宣伝だけは抜け目なくし、『火浣布略説』という、宣伝パンフレットに近いものも出し、大いに「創製」をほこった。同書の序文は、甫周の父桂川甫三国訓（ほさんくにのり）が書いている。

タルモメイトルをはじめて見る

つぎに源内は、明和二年、オランダ製のタルモメイトル＝寒暖計をはじめて見、その値段の高いことに驚いた。そしてこの程度のものならつくることも容易であると公言するが、同五年（一七六八）彼の四十一歳の時、模造品をつくって好事家（こうずか）たちに贈った。その際説明の労をはぶくため、タルモメイトルの図および訳文、ならびに自製の品の由来をのべた一文「寒熱昇降記」を添えた。それによると、明和二年オランダの甲比丹に随行し

製作は容易と公言する

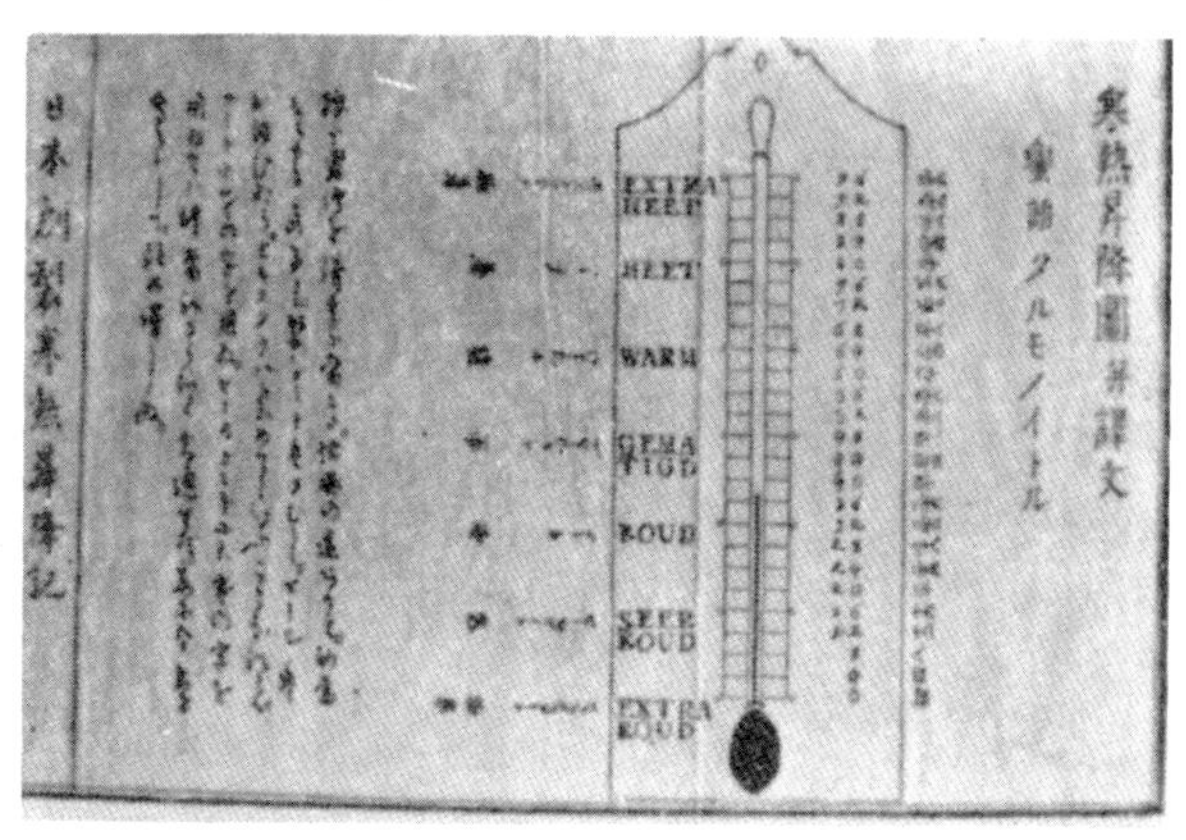

「日本創製寒熱昇降記」のはじめの部分 (『全集』下付録)

て参府した通詞吉雄(よしお)幸左衛門とは旧知の間柄であったから、源内は毎日のように幸左衛門の宿所長崎屋を訪ねていた。ある日幸左衛門がオランダの奇器であるとてアラキフルートルとタルモメイトルの二つを取り出してみせた。このうちタルモメイトルは、銅板に目盛をし、そのうえに薬水をみたしたガラス管がとりつけてある。幸左衛門の説明では、薬水ののぼりおりによって時候の寒暖を知る器であるという。源内は一目みてその理がわかり、これを作り出すこともはなはだ容易であるといった。これに対し幸左衛門は、オランダ人でもこれをつくるのに数十年かかった。それを簡単につくり出せる道理がないという。そこで源内は両器の製法をのべることになるが、一座のものは

割引してきくべきである

「薬水」はアルコールか

信じがたいという面持であった。しかし幸左衛門と杉田玄白・中川淳庵の三人だけは深くうなずいた。その後いそがしさにまぎれうちすてておいたが、明和五年の正月になって軽い病気のため小閑を得たので、つくり出して人に示したという。

彼のこの言は、多少割引してきかねばならない。というのも、寒暖計のように仕掛が比較的簡単なものでも、その種の技術の伝統のないわが国で、製出することは容易でないと考えられるからである。それを病間「戯に」作り出したというのも、話が少々できすぎている。本当は三年の日子をついやして、やっとの思いで製作にこぎつけたのではなかろうか。それに彼のつくった寒暖計が、果して正確な示度を示したかどうか、現物が残っていないので何ともいえない。「薬水」はアルコールのことと思われるが、その純度なども寒暖計の示度に微妙に影響するはずであるから、恐らく完全なものではなかったであろう。

薬水を水銀ではないかとする説もあるが（矢島祐利「本邦に於ける初期の物理学的研究」『科学史研究』二）、水銀なら『物類品隲』や『紀州産物志』で彼がすでにとりあげており、また誰の目にもそれとわかるから、彼もはっきりそういい、多分薬水とはいわなかったであろう。

要するに彼の製作にかかる「寒熱昇降器」は、好事家めあての不正確な模造品と考えた方がよいのではなかろうか。

二　金山事業

その着手

源内はまた明和元年(一七六四)の石綿発見以来秩父とは縁ができたとみえ、同二年三月再び石綿を求めて同郡中津川村に来り、「かんすい石」などを発見して帰府、同年四月には中島利兵衛の一族が、中津川の諸所を検分して、金・銀・銅・鉄・ろくしょう・明ばん・たんぱん・磁石などを発見した。そして中島一族と源内との間に金山事業にとりかかる相談がまとまった。越えて三年七月、源内の案内で、幕吏正木源八が現地に来り、諸所を検分し、立札などもたてて江戸に帰った。事業はやがて始まったらしく、冬の間は休山したとはいえ、金掘り人夫が大勢で中津川村で越年、そして翌四年および五年と金鉱を掘りつづけた。その間幕府の役人が「御附役」として交互に登山、老中松平周防守康福(やすよし)の御小人衆(おこびと)で、山師の吉田利兵衛(理兵衛と同一人か)も内見のため登山した。江戸の源内も、しばしば中津川に赴き、同地の名主幸島方に滞在して采配をふるった。

『鉱山記録』

右はだいたい幸島家所蔵の『鉱山記録』にもとづいて記述したのであるが、同記録の最終的な成立は嘉永七年＝安政元年（一八五四）である。しかし記録の内容はいずれも過去の史料によっていると思われるから、かなり信用できる。

「中津川村吹初金」
（昭和32年ごろ，山崎弘氏撮影）

中津川金山は、源内が中心となり、中島一族がこれに協力した。秩父地方に金鉱のあることは古くから知られていたが、源内はついに山師となり、この地で金山を採掘するにいたったのである。平賀輝子氏蔵の「武州秩父郡中津川村吹初金」および同村産の「爐甘石」は、この期間のいずれかといえば早い時期に、彼によって讃岐の生家に届けられた実物見本であるが、それぞれ説明の文書もそえられている。それらによると、この金は中津川村の桃久保で採掘したものを精錬したものである。すなわち同所を三十七－八間掘り進んだところ、左右のかたい岩の間

大滝村中津川

板取り

からさらさらした砂が出てきた。これは金鉱の「𨫤（ひ）筋（すじ）」とも「蔓（つる）」ともいうものである。この砂を板流しにし、そのうえ鉢で揺ると金と普通の砂がわかれる。この仕事をする専門家を板取りというが、それが直ちに得られないので、試みに素人で揺ってみ、それを精錬した。このため金と銀の分離がわるく、この吹初金は色がうすい。しかし最近奥州会津から専門の板取りもやとった。この「𨫤（ひ）筋（すじ）」＝「蔓（つる）」がしまって金鉱石になれば金の含有率が高くなる。これを大直りというが、今の様子では大直りも近いであろう。

爐甘石

また爐甘石は金・銀山の坑道からとれ、薬種として貴重なものである。従来は中国からの輸入品のみにたより、値段も高かったが、中津川村から上質のものがとれることがわかった。目下江戸の薬種屋に引きうけ販売させるべく交渉中である云々（うんぬん）と。

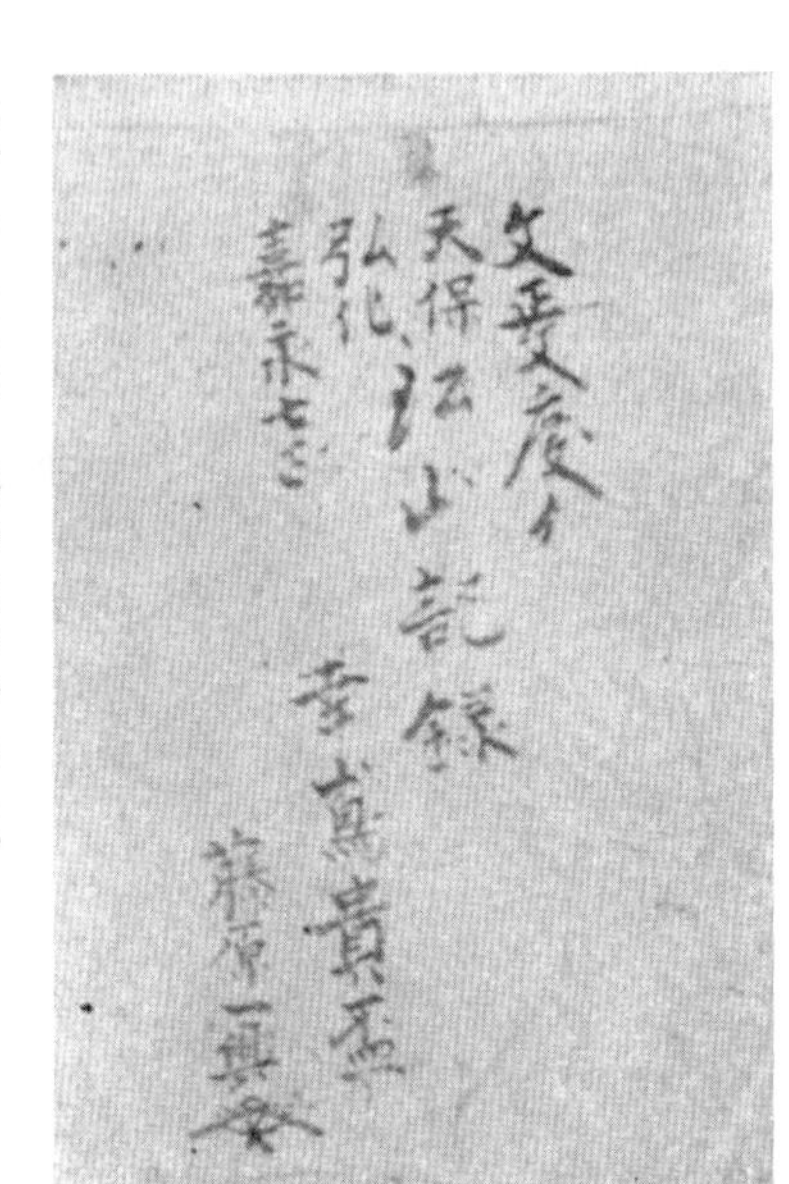

『鉱山記録』（文政度より嘉永まで）
（埼玉県，幸島家蔵）

右の二つの文書がよく示すように、源内は中津川村で、主として金をめあてに採掘し、選鉱や精錬にも従事していたようである。しかし同金山は、その後順調に行かなかったとみえ、『鉱山記録』によれば、明和五年まで掘ったが、翌六年以降休山したという。こうして源内の金山事業は、ついに成功することなく終ったのである。

ここでつけ加えたい新史料がある。それは大滝村大字鶉平（うずらだいら）の磯田幸次郎氏所有にかかり、秩父市の清水武甲氏が発見し、『秩父郷土史報』に紹介したもので（三の三）、その全文はつぎのとおりである。

為二取替（とりかわせ）一申（す）一札之事

一　先達而甲州山中ニ而雲母之様なる品御見出被レ成候ニ付、此度内々ニ而、先少々も掘試候様及二御相談一候。其上ニ而御公辺御願等之儀ハ拙者方へ引請取計可レ致候。然ル上ハ此品末々助成ニも相成申候節ハ、五分宛之割合ニ致候儀、少も相違無二御座一候。為二後日一仍而如レ件。

平賀源内　㊞

明和三年丙戌三月朔日

「雲母之様なる品」

相手は磯田家か

遺憾ながら、この一札は宛名を欠いている。しかし所在より推して、磯田家の祖先の一人と源内は右のような約束をとりかわしたのであろう。同家は名主をもつとめたこの地区の旧家であり、金山採掘を計画中の源内と、この種の交渉をもつこともありえたにちがいない。ただこの「雲母之様なる品」の試掘も結果は思わしくなかったとみえ、官許を得て本格的に採掘するにいたらなかったようである。

学問と技術が未分化

源内はこうして産業技術家から、ついにその企業家となった。当時は一般に学問と技術とが未分化の状態にあり、特に本草・物産学においては産業の開発と直結していただけにそれが甚だしく、企業との境界さえあいまいであった。そこで源内も学問を本意としながら、技術・企業にも手を出すにいたったのであろうが、このほかに彼の場合、つぎのような関係もあったことを忘れてはならない。すなわち彼の本草・物産学はオランダ博物学の知識を導入・添加せんとしたところに新味があり、『火浣布略説』末尾にかかげた計画中の著述類のなかには、そのような方向をめざすものがかなり含まれていた。しかし彼には肝腎の語学力がなかったから、その種の著述は、実は力に余ることだったのである。この間の事情を彼は河津善蔵あての書簡において語り、

助力の人もない

　私力にては参り難く、当時助力の人も御座なく候故、止むを得ず秩父山中にて金山を思ひ立……

といった。すなわち金銭や語学的に彼を助けてくれる人がいないので、著述の方もうまくいかない。そこでやむなく秩父金山という企業にも手を染めたというのである。これは明和のはじめごろからの彼が、むしろ技術・企業方面に進出する内部的事情を自身の口からもらしたものとして注目に価するであろう。

三　「嗣出書目」

風雅の道はなずみやすい

それにしても源内にとって、学問はやはり第一義の道であった。これにくらべるとき、文芸のごときはしょせん第二義的な意味しかもたない。このことは彼が明和の末年に草したと思われる、つぎの一文によっても明らかである。

又風流の志なきにしもあらず。若年の砌は我国より五十里の波濤をしのぎ、浪花に遊びて椎本の俳風を学び、東都に至りては加茂真淵が門につらなり、聞はつりし事もあり。花に鳴(く)鶯、水にすむ蛙さへ詠ものなれば、腰折くらひはよまば詠べかりけるが、風流はなづみ安く、彼(の)薩摩守忠度の千載集にいらんとて狐川より引返せしは風雅には似たれども、君の大事一門の滅亡をわすれ、又西行・兼好が君の為国家の為忠を尽さん事を思はず、乞食坊主にさまをかへ歌詠しはふがひなし。大腰ぬけのたわけ坊主、彼等が類にならんこと思ひよらず。我(が)知恵の分限相応、国家の益を工夫せんと思ひ立(ち)はたちながら、それさへ心にまかせず、

詠気にもなるや銭なき秋のくれ　（源内短文　林三郎氏蔵）

大意は、自分には風流の志がないわけではなく、俳諧を習い、和歌も学んだ。しかし風雅の道はとかくなずみやすい。かの薩摩守忠度がよい例で、彼は歌を撰集に入れてもら

うため、戦場を離脱した。これは風雅のためとはいえ、武士としてはあるまじき行為である。同じことが西行や兼好についてもいえるが、要するに彼らは、主君のため、国家のために尽すという第一義の道を忘れ、ただいたずらに詠歌にのみふける乞食坊主になりさがった。本末を顚倒したものというべきである。これに対して自分は、智恵相応に国家の益をはからんとしているのであるから、まずまず第一義の道に忠実なるものといえよう。しかしそれも心にまかせぬ有様であるのは、思えば残念であるということであろう。

国家の益

こうして源内にとって、第一義の道とはやはり学問＝本草・物産学であり、それによって国家の利益をはかることにあった。これにくらべるとき文芸のごときは、たとえ俳諧・和歌のようなものでさえ第二義の道である。ましてや宝暦の末年以来盛んに書きちらしている戯作のごとき俗臭の強い文芸は、「已(ヤム)に賢(マサ)るのむだ書」（『放屁論後編追加』）であり、「てんごうに作」（松浦正一氏蔵書簡断片）ったものであって、要するに「遊び」「戯れ」にすぎないとするのである。

文芸は遊び

こういう彼であるから、明和に入っても本心は学者でありたいと願っていた。そこで『火浣布略説』末尾広告の「嗣出書目」＝刊行予定書のごとき種々の著述を計画する。いまそれらを列挙してみると、『神農本草経図註』『同倭名考』『本草比肩』『食物本草』『火浣布考』『四季名物正字考』および『日本穀譜』以下十種類の図譜類となる。このうち実際にどれだけのものが成立または刊行をみたであろうか。『火浣布考』は、疑いもなく刊行された。『増訂武江年表』によれば、鈴木牧之の『北越雪譜』に、源内が『火浣布考』をあらわした旨記されているといい、北川真顔（鹿都部真顔のこと、一七五三―一八二九）も後述するように同書の抄本をつくっているから、刊行されたことは間違いない。しかし『先哲叢談続編』にもいうように、僅か数部を刷ったのみで、版木が火災で焼けてしまったらしく、現存本はない。

「平賀鳩溪先生著述目録」

ところが真顔が自ら抄して、『叢談続編』の著者東条琴台（一七九六―一八七八）に贈った『火浣布考』の末尾には、「平賀鳩溪先生著述目録」なるものがのせられていたという。同目録は江戸の書肆「藻雅堂舟木嘉助発行、明和八年辛卯十月」として、すでに刊行されたことの明らかな『物類品隲』六巻・『浄貞五百介図』三巻・『火浣布考』一巻・『火浣布略説』一巻のほか、つぎのような諸著の名称と巻数とをあげ、しかもかなり詳しい解説が付されている。それは『神農本草経図』四巻・『同倭名考』一巻・『本草比肩』十二

『日本物産譜』

巻・『食物本草』一巻・『四季名物正名』四巻・『日本物産譜』二十四巻である。これらの書名には、多少の出入りはあるが、だいたい『火浣布略説』の末尾広告と一致する。いま『日本物産譜』を一例としてあげてみると、「穀一巻・菜五巻・草二巻・木二巻・石一巻・禽一巻・獣一巻・魚三巻・介三巻・虫二巻・附録二巻」からなるといい、そのあとに『火浣布略説』末尾広告の『日本穀譜』以下十種類の図譜の場合とほぼ同様な解説が付されている（『先哲叢談続編』）。

春風原輯の著述目録

『叢談続編』に転載された「平賀鳩溪先生著述目録」は、明和八年（一七七一）十月という時点における源内の既刊書目録のように見えるが、実際は既刊・未刊とりまぜて列挙したものではなかろうか。というのは、もし『神農本草経図』以下のものが刊行されていたのなら南畝もそのいくつかをとりあげるはずである。それなのに彼が『一話一言』にかかげた源内の著述書目では、本草・物産関係の著述として、『物類品隲』『万国図』『火浣布略説』をあげるのみである。また源内より三十七歳年下の堤春風原輯の『近代名家著述目録』をみても、右の三著のほかに、源内の校正にかかる『秘伝花鏡校』をつけ加えているにすぎぬ。

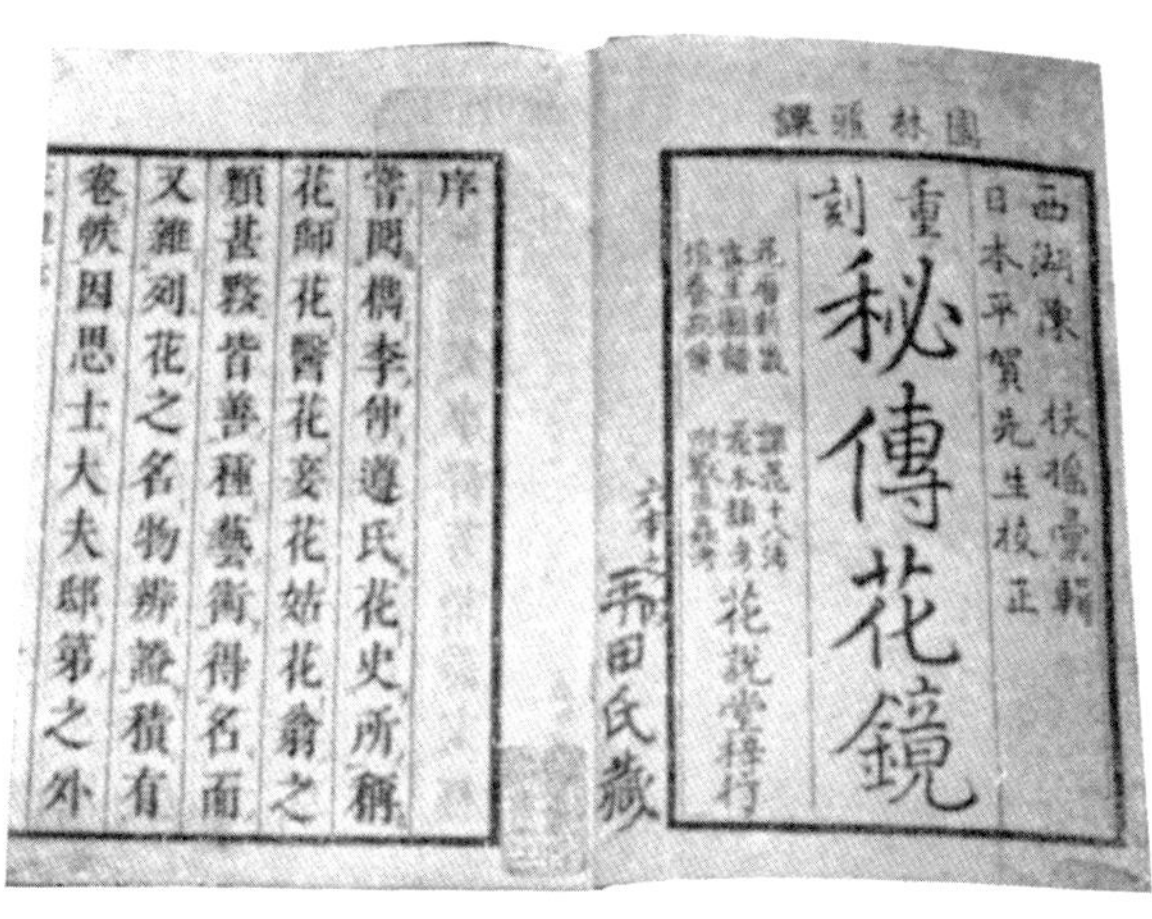

源内校正の『秘伝花鏡校』（坂出市立図書館蔵）

『秘伝花鏡』は、清の陳淏子（扶揺）の著、それに源内が校正・訓註を加えたものが『秘伝花鏡校』である。現存本は少ないらしいが、香川県坂出市の市立図書館には、一本（全六冊）を蔵している。奥附には「安永二年癸巳春、文政十二年己亥春補刻」とある。

さらに源内より四十六歳年下で、彼の旧藩高松藩の家老を長くつとめた木村黙老も、南畝のあげた、さきの三著を源内の本草・物産関係の著述として示すに止まっている。こうして『万国図』や、『秘伝花鏡校』のようなものまで取りあげられているのに、『神農本草経図』以下の本格的と思われる本草・物産関係の著述が一冊もとりあげられていないのは、これらの諸書がけっきょく刊行をみず、そし

けっきょく未刊行

て恐らく成立もしなかったことを示すものではなかろうか。要するに明和期（一七六四―七一）の彼は、あるいは「山師ニ相成、昼夜甚多用」（河津善蔵あて書簡）であったり、または長崎へ二度目の遊学をし、製陶事業や製絨事業を計画して東奔西走の形であったから、おちおち学問的な著述などに従事する暇がなかったと察せられるのである。

四　『阿蘭陀本草』の翻訳

それにもかかわらず源内は、かねがね計画中の著述——服部玄広あて書簡にいう「是迄存じ立ちの著述」を忘れることができなかった。そこで秩父における金山事業に失敗すると、学問的な仕事がまたぞろ恋しくなり、計画中の著述を完成させるためもあってオランダ書の翻訳を志し、それを主な目的として、二回目の長崎遊学を試みるのである。

二回目の長崎遊学

この遊学の時期について、南畝は「明和七年庚寅の頃」（『一話一言』）であるとし、暉峻康隆氏は考証の末、明和六年（一七六九）十月十五日江戸出発説を唱えた（「平賀源内研究」『近世文学の展望』所収）。十月十五日は動かぬところであろうが、年次はやはり南畝のいうように七年ではなかろうか。というのも、彼が出発の直前、岩田三郎兵衛にあてた書簡のなかで、新浄るり本一冊進じ申し候。御慰に御覧なさるべく候。時節悪しき故はやり申さず候へども、作の評判は宜しく御座候。

といっているからである。この「新浄るり本」を暉峻氏は『神霊矢口渡』と考え、同浄瑠璃の成立を『鉱山記録』の、

神霊矢口の渡浄瑠璃本、幸島宅逗留金山鉄山掘割中作也。

『矢口渡』執筆の時期

という記事に基づいて、明和五年の秩父滞在中のこととしたが、これはしかし同記録にたよりすぎた見解とすべきである。周知のように『矢口渡』の江戸外記座初演は、明和七年一月十六日である。そして浄瑠璃正本は、その初演日に間に合う程度に刊行されるのが普通であり、しかも源内自身が同正本跋で、「しかも初日の急なれば、引書を閲に遑あらず、校合も足(ら)ざれば」といっているから、『矢口渡』の正本も例外でないことがわかる。してみるとその執筆の時期も、岩波書店刊『風来山人集』の『矢口渡』解説にいうように、明和六年末ということになろう。すなわち正本刊行の常識および『矢口渡』跋を信ずる限り、明和六年十月に源内が江戸を出発したとする暉峻説はなりたち得ず、また同月中に『矢口渡』正本を三郎兵衛に進呈したと考えることもできなくなるのである。

やはり七年十月江戸出発

とにかく源内の江戸出発は、明和七年十月十五日のことと考えられるが、その場合前記書簡の「新浄るり本」は、同年八月十九日肥前座初演の『源氏大草紙』となる。それなら同年十月に正本を三郎兵衛に進呈することも可能であり、また同じ書簡に「時節悪しき故」としてあるのも、残暑の去りやらぬ八月の初演であったからであると納得される。また最初は「はやり申さず」といっているのも、かえって『大草紙』であることを示唆するものではなかろうか。すなわちもし『矢口渡』なら、それははじめから当りに当ったからである。

『阿蘭陀本草』翻訳のため

さて源内の長崎遊学の主な目的は、「阿蘭陀本草翻訳のため」(服部玄広あて書簡)であった。友人蓬萊雅楽(ほうらいうた)=荒木田尚賢あての書簡では、幕府から「阿蘭陀翻訳御用」という役目をもらったことを伝え、また服部玄広あて書簡では、それが田沼意次の斡旋によることを明らかにしている。ここでいう『阿蘭陀本草』

早大本 Cruydt-Boeck （右は扉ページ）
（早稲田大学図書館蔵）

とは、もちろん普通名詞ではなく、彼がすでに入手していたドドネウス著『紅毛本草』、すなわち Cruydt-Boeck のことである。ところで源内は、かつて河津善蔵あての書簡のなかで、ドドネウスの『紅毛本草』以下のオランダ書は図譜・さし絵がはいっているので、はなはだ便利である。そして文章の方は、「功能」の部のみを読めば、それでことたりるといった。これを考えあわせると、今回

「功能」の部の読解を志す

の長崎遊学は、Cruydt-Boeck の「功能」(Kracht ende Werckinghe) の部を、通詞の語学力にたよって読解せんとしたものではなかろうか。そして彼が主としてたよった通詞とは、吉雄幸左衛門、号耕牛であった。耕牛は名通詞として知られていたばかりでなく、同時に本格的な蘭方外科医としても有名であり、源内とはかねてから昵懇（じっこん）の間柄であったのである。

それでは源内の Cruydt-Boeck 翻訳のことは、いったいどうなったであろうか。その成

『鐸度涅烏斯植物志』写本二巻

否について彼は何も語っておらず、周囲のものも同様である。ところが岡村千曳氏は、早大図書館蔵の『鐸度涅烏斯植物志』写本二巻に注目し、同書中に「右永章先生一己之見ナリ」とある一句を手掛りとして、つぎのように推論する。すなわち永章は耕牛の諱であるから、この書の訳編者も彼に相違ない。そして源内・耕牛・ドドネウスの三者の関係を考えてみると、本書は源内の長崎遊学に際して成立した書、もしくはその一部ではあるまいかと（「平賀源内の書翰二通」『紅毛文化史話』所収）。同氏のこの推論は、のちにはほとんど確信に近いものとなったとみえ、昭和三十三年の著「ドドネウス Crvydt-Boeck の邦訳＝遠西草木譜＝について」（『蘭学資料研究会研究報告』三二）になると、この論をさらに推し進めて、「平賀源内が吉雄耕牛にたよって『ドドネウス本草書』七巻を編したのは明和七年（一七七〇）であった」と論じた。

『独独匿烏斯本草』乾坤二冊

同氏の論では、上野図書館蔵の『独独匿烏斯本草』乾坤二冊が耕牛の自筆と伝えられるが、同書内題は「アベセ類聚七巻」とあるらしいから、もとは七巻本であったことがわかる。また早大図書館蔵の、既述の『鐸度涅烏斯植物志』写本二巻も、用紙・装幀など上野図書館本と同一であるから、早大本もこの七巻本中の二巻であろうと考えて、この七巻本は、彼の長崎遊学に際して成立した書であるとするのである。

訳編説に対する疑問

岡村説は、論としてはすぐれたものを持つが、しかし同氏のあげる史料の限りでは、源内、あるいは彼と耕牛との共編による Cruydt-Boeck 訳編説を前景に出すのはやや早きに失するのではなかろうか。私は源内の長崎滞在が翌明和八年(一七七一)五月すぎまで、わずか半年少々にすぎぬこと、その間に語学力のない彼が、耕牛にたよったにしても、一五〇〇ページに及ぶ Cruydt-Boeck の、たとえ「功能」の部だけにせよ、翻訳することは容易ではないこと、耕牛の語学力は、当時第一級のものであろうが、それを余りに過大評価してはならないこと等々の理由により、源内、あるいは彼と耕牛の共編による Cruydt-Boeck 訳編説に対しては疑問をいだいている。もちろん源内は、長崎においてはそれに手をつけたであろうが、けっきょく彼の予想どおりにはことが運ばなかったのではないか。運んでおれば、それを口にしないで我慢ができるような彼ではないと思われるからである。

それにしても源内の、通詞に Cruydt-Boeck を「読み分け」さそうとする努力も、何程かの成果をあげたにちがいない。そしてそのことと平行して、かねて計画中の、たとえば『日本物産譜』といった博物誌的な著述も完成しようとして、その用意に Cruydt-Boeck さし絵を、郷里讃岐の小豆島(しょうどしま)の画家三木文柳に模写させるということもあったであろう。

源内「手馴」の『紅毛本草』

これらをとりまとめたものが、のちに玄白によって源内「手馴」の『紅毛本草』と呼ばれた可能性もあろうが（平賀権太夫ぁて玄白書簡）、それは Cruydt-Boeck に関係があったとはいえ、その訳編などと称し得るものではなかったと考えられよう。こうして源内の「阿蘭陀本草翻訳」の計画は、不本意な結果に終ったと思われ、それを嘆いたのが、南畝の『一話一言』につたえる、彼のつぎの狂歌ではなかろうか。

翻訳は不朽の業、御高恩須弥山(しゅみせん)よりも高きにほこりたる事をしらずして、いろ〳〵の物ごのみは栄曜（ママ）のいたりなりけりと、自ら吾身をかへりみて、

むき過てあんに相違の餅の皮
名は千歳のかちん（勝）なる身を

「むき過て」

ここにいう「御高恩」は、もちろん田沼から受けたそれを指す。直接には、彼の斡旋によって、幕府から「阿蘭陀翻訳御用」という役目を得たことを意味するであろう。その恩が須弥山よりも高く、かつそれをほこりに思ったことがあったのを忘れて、いろいろな物好み——すなわち雑学・雑事に心を散じて、肝腎の翻訳の業をなおざりにしたことが、いまさらながら悔まれるということであろうか。

五　文人・通人として

いずれにしても明和期の源内は、企てた著述がうまく行かず、学問的にはむしろ足踏み状態を続けたが、産業技術家や企業家としては大いに活動する。同時に生活費のたしにするという意味もあって、第二義の道である戯作・狂文、さては浄瑠璃のたぐいまでかきちらし、いよいよ文人・通人としての面目を発揮する。そして明和二年(一七六五)から翌年にかけて、通人たちの間で流行した、いわゆる「大小の会」の常連となった。「大小」とは、太陰暦のもとでは毎年大小の月の配列が変るので、その年の大小を知る必要から工夫された、木版刷の判じ物風な、ごく簡単な暦のことである。それを江戸では年始の際に名刺代りとして配る習慣が以前からあったが、どういうわけか明和二年正月、これが大いにはやり、一部の好事家は松飾りがとれてもその制作に熱中し、摺物(すりもの)の色数をふやし、判型も大きくして、贅沢・精巧なものをつくった。そしてそのような大小＝絵暦をもちより、「画会の如く勝劣を定」(森島中良『反古籠』)め、たがいに交換しあう賑やかな会合がしばしばもたれた。源内もそれの常連となるが、彼が考案した大小は、江戸で評判の歌舞

「大小の会」

伎役者の、それぞれ得意の役柄の半身像を大場豊水に描かしめたもので、似顔絵のない当時のこととて、大いに評判となった（同上）。また彼は、『全集』によると、同じ年の正月盲暦をつくったという。それは文盲のひとのために、文字を用いないで絵で示した暦のことであるが、『全集』写真では、それとはしかと見定めがたい。翌明和三年（一七六六）冬彼は、代表的な江戸の文人大田南畝と相知るにいたり、一時は深く交わった。

南畝とはじめて会う

玉林晴朗『蜀山人の研究』による。南畝自身は『平賀鳩渓実記』上欄書入れにおいて「予が平賀源内に初て逢しは明和四年丁亥の秋なり」としている。これは彼の記憶ちがいであろう。

明和四年南畝は狂詩文集『寝惚先生文集』初編を出すが、それに源内は序を与えて、「風来山人紙鳶堂」と署した。このころの源内は、まことに風のごとく来り、風のごとく去る天下の浮浪人であり、まさに紙鳶＝いかのぼりのごとき存在であったといえよう。明和五年正月、こんどは源内が小説『根無草後編』を刊行するが、これに対し寝惚先生陳奮翰こと南畝は、さきのお返しのつもりであろうか序を書いた。また同書跋はこれも文人仲間の大蔵千文こと山岡俊明が筆を執っている。さらに同年中の南畝の著『売飴土平伝』にも、源内は序をよせた。

『根無草後編』

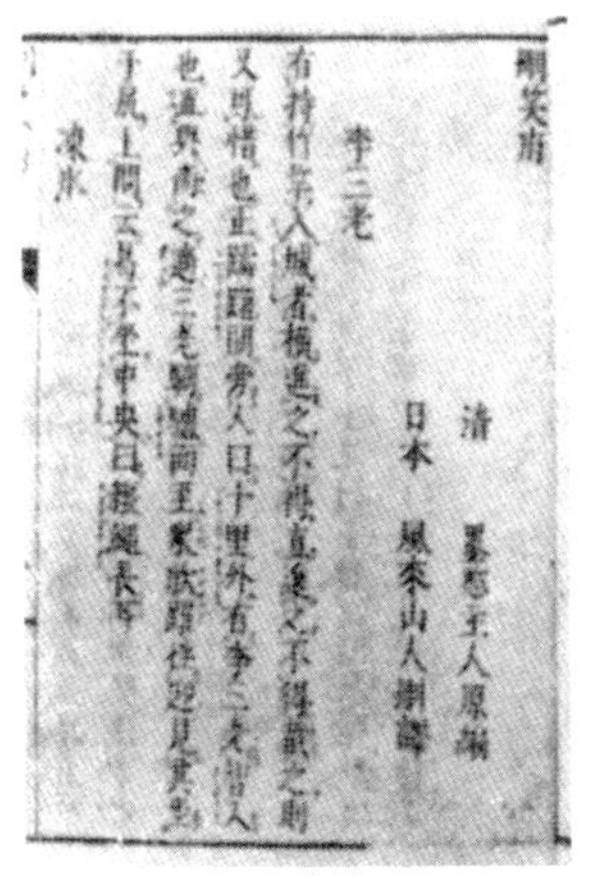
刪笑府

清　墨憨主人原編

日本　風來山人刪譯

李三老

『刪笑府』（香川大学附属図書館蔵）

さて『根無草後編』は、すでに出した『根南志具佐』前編の評判がよく、売れゆきも上々であったのに気をよくして書き継がれたものであり、初版版元は前編と同じく岡本利兵衛である。それは明和四年市川雷蔵、同五年坂東薪水（しんすい）の死を題材にした、いわゆる役者追善草紙で、地獄物の形式をとった架空・虚構の物語である。これも前編と同様であるが、作のできばえは前編ほどではない。ただし談義本の面影は、十分にとどめているといえよう。この書の名称は、前編と併せて深井志道軒の著『元無草』にもとづくとされるが、同時に根も葉もないことをかきつらねたという意味もあったであろう。

『刪笑府』

源内はまた、『刪笑府』という、中国の笑話集『笑府』の抄本に、返り点・送り仮名・適当な訓を付したものを完成させた。明和六年の序があるから、刊行は同年中のことであろう。すでに石崎又造氏が指摘しているように、同書には表紙題簽に「陳奮翰訳」としたものもある（『近世日本に於ける支那俗語文学史』）。香川大学附属図書館神原文庫の蔵本は、明治になってからの刊本で、明和六年付の序を欠いているが、内題は「刪笑府　清　墨憨主人原編、日本　風来山人刪訳」とある。しかし表紙題簽は、「笑府　陳奮翰訳　全」となっており、

南畝との合作か

陳奮翰とは南畝のことであるから、この書はあるいは南畝と源内の共同作業になるものかも知れない。ただし南畝自身は、『平賀鳩溪実記』上欄書入れにおいて、「源内……笑府といふ小本の国字解の悪敷を見て傍注せし事あり」（『温知叢書』本）として、功を専ら源内に帰するがごとくである。

明和六年秋、西の通人の横綱格である、京都の人銅脈先生こと畠中正盈は、狂詩集『太平楽府』を出す。これに跋を与えた福内鬼外もやはり源内であろうから、彼の文名ないし文人ぶりは、上方まで知られていたのであろうか。

いずれにせよ明和期の源内は、企てた事業がうまくいかず、中津川村の金山事業も、

事業はことごとく失敗

彼の見込みちがいからか、着手の翌年末には早くも行きづまりを見せ、「金は出でず、剰（あまつさ）へ少々のたくわへも皆に仕り候」（河津善蔵あて書簡）といわなければならなかった。そしてそのほかにも彼は様々な事業に手を出し、しまいには建築工事の請負までするが（明和五年の日記）、いずれも失敗に終ったらしい。これは彼に「一図に金銀計（ばかり）に凝」（『放屁論後編』）る、町人的ながめつさがなく、また文人ないし通人気質（かたぎ）も事業を遂行するうえにおいて障害となったにちがいない。要するに彼は、事業家としては必ずしも適格者ではなかったのである。

金銭に不自由する

こうして彼は、とかく金銭に不自由することになった。二回目の長崎遊学のときも、出発にあたって金子に差し支えたが、無理にたった。長崎においても学費のやりくりに苦労したし、遊学を終えて江戸にかえる途中、大坂に一年以上も滞在したのも、一つには江戸に帰る旅費を調達しかねたからである。これらの関係からか、彼はわずかな金もほしがるようになり、明和六－七年ごろから、しばしば浄瑠璃をかいた。すなわち処女作『神霊矢口渡』は、明和七年（一七七〇）正月十六日江戸外記座初演、第二作『源氏大草紙』は同年八月十九日江戸肥前座初演、第三作『弓勢智勇湊』は同八年正月二十日、同じく肥前座初演という有様である。これらの浄瑠璃が上演されても、別に劇場から金が出る

稿料をあてにする

わけではないが、正本を発行する本屋から、稿料に類するものが多少出る。源内はその五両か七両のはした金をあてにし、それを生活費のたしにした。彼が戯作・狂文をかきなぐったのも、同じ意味がなかったとはいえず、明和六年にはついに広告文にまで手を広げて、江戸鉄砲町川合惣助、本白銀町四丁目ゑびすや兵助のために、歯みがき粉「嗽石香」の口上をかいた。また明和四年には『長枕褥合戦』同五年には、『痿陰隠逸伝』のような猥雑なものをかき、それも文人・通人の甲斐性であると心得るかのごとくである。

山師どもの生態

そのような彼が、ある年の——多分明和中期の某年七月十四日の夜、同じ文人・通人仲間で事業家肌の、彼と同じく「山師」と呼ばれた平秩東作と、いま一人を加えて都合三人、源内宅の物干台にあがって酒をのんだ。そのとき東作が、

　大空の星もあはれとおぼしめせ金ほしげなる物ほしの客

というあまり上手でない狂歌をよんでいるが（『万代狂歌集』）、これは当時の山師どもの生態をさながらに伝えるものとして興味ぶかい。

第五　産業技術家・企業家としての活動

一　長崎・志度での製陶計画と源内焼

「陶器工夫書」

源内の二回目の長崎遊学は、『阿蘭陀本草』の翻訳が主な目的であったが、同時に長崎へゆけば「何ぞ思ひ付も出来申すべく」（岩田三郎兵衛あて書簡）といった期待もあった。その思いつきの一つとして製陶事業が計画され、遊学の末期である明和八年（一七七一）五月には、「陶器工夫書」を幕府の天草代官揖斐十太夫の代官所に提出している。すなわち彼は、前回と併せて、前後二回にわたる長崎遊学により、同地に中国・オランダ製の陶器が大量に陸上げされ、それらを日本人が高価であるのをいとわず買い入れていること、および逆に中国・オランダの両国人も、わが伊万里・唐津などの焼物を、かなり大量に仕入れて帰ることを見知った。のみならず彼は、わが国陶器の最高級品である伊万里焼・唐津焼などの陶土が、肥前伊万里に産するものと、かつて思いこんでいたが（『物類品隲』）、二回目の遊

深江村産の陶土

学によって、実は肥後天草の深江村の産であるのに気がついた。そこで彼は「工夫書」を差し出し、この優秀な陶土を用いて長崎か天草で製陶に従事すれば立派な製品ができるはずであるから、日本人がわざわざ中国・オランダ製の陶器を買い入れる必要もなくなり、それに意匠・絵付を工夫しさえすれば、従来にもまして輸出することもできる。これはわが国の益になることだから、是非実現させたい、とする。そして自分は焼物の経験も多少あり、また讃岐には取り立てた職人もいるから、そのうちの器用なものを呼びよせて焼かせることにしたいといい添えるのである。

源吾と伊助

「陶器工夫書」には、深江村産の陶土一包と、それを長崎へ運ぶ時の道順・里程などを示す略地図が添付された。また彼が、讃岐において取り立てた職人のうち器用なるものと目ぼしをつけたのは、多分堺屋源吾や五番屋伊助＝赤松松山(しょうざん)らであろう。源吾は志度の町家の忰(せがれ)で、家業は肴屋(さかな)であったといわれ、松山は祖父の代から製陶に従事していた。そして彼らはともに志度で、源内の指導のもとに、いわゆる源内焼を焼いていたのである。

源内が長崎または天草で計画した製陶事業は、のちに彼の企てた源内焼の事業化計画とは一応区別すべきものであろう。しかしながら、呼び寄せる予定の職人たちが源内焼の従事者であるから、もし実現していたら、源内焼的な要素が強く出ていたにちがいない。

志度での製陶計画

それにしてもこの製陶計画は、けっきょく実現をみることをなくして終った。その原因は多分、彼が心あてにしていた職人どもが、長崎に来ることを肯んじなかったからであろう。変り身の早い彼は、すぐさま計画を変更し、今度は郷里の志度に天草深江村の陶土をとりよせて焼物をやく計画をたてた。すなわち志度の近郊の天野か石塚あたりに「本がま」を築いて製陶を本式におこなおうとし、資金は、渡辺桃源あたりに出させようとした。桃源は屋号宇治屋、地主であって酒造業もいとなむ志度の富豪である。そしてこの製陶計画では、「南京焼色々」(桃源あて書簡)、すなわち中国風磁器を種々焼き出そうとしたというから、いわゆる源内焼と同一視すべきではない。

大坂滞在

さて源内は、「陶器工夫書」を提出した前後に長崎をたち、江戸に向って帰途につくが、途中大坂に立ち寄り、この地でけっきょく一年以上も滞在することになる。志度における製陶計画をたてたのもこのときのことである。当時の彼は鉱山師としての修練を積み

資金集め

ながら、あわせて諸事業のための資金の調達につとめていた。そして郷里の親類・朋友、わけても桃源に対し製陶事業の出資を乞うたらしいが、用心ぶかい彼は源内の要請を体よく断わった。そこで源内は、讃岐には「呑込人」がおらず、親類・朋友も、自分を助けてくれないばかりか、悪口の一つもいうと、めずらしく泣言をいっている（桃源あて書簡）。

脇田舜民

とにかく志度に天草の土を取りよせておこなう製陶計画は、資金を提供するものがいなかったので、けっきょく立ち消えとなった。しかし同地で地もとの陶土を用いる試作程度の、いわゆる源内焼は、引き続いておこなわれた。それはかねがね製陶にも関心をもち、その経験も積んでいた源内が、源吾や伊助を指導して焼かしめていたもので、彼らのほかに脇田舜民も陶工として加わっていたらしい。舜民は志度房前の人、自筆の漢詩が何点か今も残っている。

いったい源内焼は一口にいって、軟陶三彩の交趾（こうち）焼風なものである。交趾焼とは、交趾地方で焼き出された陶器、または交趾がよいの船によって我国へ輸入された陶器の意味であり、もとより中国陶器である。その主な産地は、中国の南部地域――広東・福建の諸窯（よう）、浙江（せっこう）省の宜興・蜀山・鼎山などであり、中国陶器の影響下にある交趾地方でももちろん焼き出されていた。それは藤岡了一氏によれば、明（みん）・清（しん）時代の「法花（ホアファ）」系低火度三彩であって、わが国では「交趾手と呼ぶものに含めている」（「清朝陶磁器概説」『世界陶磁全集』一二所収）、という。そして三彩とは、三種類の色彩という意味ではなく、その技法から来た名であるといわれる。すなわち、文様の輪郭を強い彫線や、細い線状の泥土でくぎり、内外に異なる釉（うわぐすり）をぬる。この場合彫線や泥土の線は、異色の混融を防ぐ役目を果し、けっきょくいくつかの色彩が対照の妙を発揮することになるのである。

交趾手

「さへた色合」

ゆらい明・清の「法花」系三彩は、緑を中心に紫や黄が美しく映える異国趣味豊かなものであるが、それを模した源内焼も同じような美しさを示す。そして源内が、数多い中国の陶器のなかから、この三彩陶をえらんだのは、それが彼の異国趣味を満足させるとともに、当時いわゆる「交趾手（で）」がわが茶人の間で珍重されていたから、金儲けにもなったからであろう。

こうして軟陶三彩の源内焼は、まずその緑・黄・紫などの色彩のもつ、つややかな美しさが賞美されることになった。勘定奉行川井越前守久敬（ひさたか）も、源内から源内焼をおくられ、

是こそは名産𠃵(しゅう)の焼物や
　見ても薬のさへた色合

という狂歌をよんだという（平賀輝子氏蔵 源内書簡断片）。

さて源内焼の陶工は、安永（元年は一七七二）に入って松山(しょうざん)・舜民(しゅんみん)らが脱落したらしく、源吾のみがのこり、いわゆる「源吾焼物」（同上）となってしまった。同じころから源内は、西洋の写実画に身をいれるようになり、洋画の弟子も取り立てている。このことが源内焼にも反映せぬはずはなく、年月不明の栗山孝庵あて書簡にも、源吾に「西洋画法を授け、近ごろはその種のものを専ら製出しているといっている。これは、西洋画法によって、源内焼の意匠・絵付を改めたという意味に解せられ、このため源内焼は、一歩も二歩も「阿蘭陀焼」「阿蘭陀物」に近づいたと思われる。そしてなかには小野忠重氏が指摘しているように、源内所蔵のヨンストンの『動物図譜』によって楠本雪溪＝宋紫石が描いた獅子図を、図柄としてとりあげたものもあったという（『江戸の洋画家』）。こうして、もともと異国趣味の強い源内焼に西洋画法的なものがさらにつけ加わったのであるから、同焼が京・大坂・江戸において「折々唐・阿蘭陀物に紛」（孝庵あて書簡）れるということも、実際にあ

「源吾焼物」

中国・オランダ物に紛れる

源吾の作品は銘を欠く

りえたであろう。

しかしながら、上記の孝庵あて書簡の「西洋画法を授」くを、余り過大に評価してはならない。源内はとかく、ものをオーバーに表現する癖があり、たとえば西洋画にしても、理論ならともかく、実技の面で人を十分指導し得たとは思われない（後述）。この意味で彼の指導による源内焼の意匠・絵付の改善も、本当は口ほどではなかったのではなかろうか。岡村千曳氏も、源内焼に西洋風なものがほとんど知られていないことを指摘している（「平賀源内の書翰二通」『紅毛文化史話』所収）。もちろん同焼は在銘のものが少なく、特に源吾の作品は銘を欠いているのでそうなったとも考えられるが、さきにもいうように同焼は中国陶器を模したものであるから、それに西洋風ないし西洋画法を添加するのは、もともとむずかしい相談であったのである。

万国図皿（香川県，平井太郎氏蔵）

万国図皿（鉢）

「坤輿万国全図」

オランダ渡来の世界地図を用いず

現在のこっている源内焼の作品のうち、意匠・絵付のうえで、西洋風・西洋画法の趣をみせているようにみえるのは、万国図皿（鉢）であろう。同皿には西半球を描いたものと東半球を写したものの二通りがあり、図柄としては如何にも目新しい。しかし、これらの世界図が、芦田伊人氏の指摘しているように、耶蘇会士利瑪竇（りまとう）(Matteo Ricci)がつくった、万暦三十年（一六〇二）版の「坤輿（こんよ）万国全図」に基づいていて、オランダ渡来の世界図によっていないこと（『平賀鳩渓翁略伝』）、また源内焼の万国図鉢を買い入れた、さる大名が、これを「唐物」――「阿蘭陀物」に対する意味での「唐物」と思いこんでいたこと（平賀輝子氏蔵書簡）等を思い合わせると、同皿（鉢）も西洋物・オランダ物とは必ずしもいえず、むしろ中国物の範疇に属するのではなかろうか。そしてひょっとしたら、この種の図柄も中国に先例があって、それを粉本（ふんぽん）としてつくり出されたものかも知れない。周知のように「坤輿万国全図」は、当時の日本においても最も普及していた地図であった。ところが源内は、そのころとしては珍しい、オランダ渡来の新版物の地図を手に入れており（『物産書目』）、おそらくそれを参考にして、『世界図』という著ものしていた。その源内が指導した源内焼に、ことさら中国製の世界図が用いられているところに問題があろう。また芦田氏や、

むしろ中国趣味か

再び長崎での製陶を計画する

その説を受けついだ『平賀源内全集』の編者が、「此頃一般に風靡していた楕円形図法の世界図から脱却して、球状図によった世界図に著想し、しかも皿の円形をこれに利用して新地球図を表現」(『全集』口絵「万国図皿」解説)したとしているのも、必ずしも正確とはいえず、本当は鮎沢信太郎氏のいうように、「何等事新しさを認められない」(『日本文化史上における利瑪竇の世界図』)種類のものであるらしい。これらの点において、世界図皿(鉢)にあまり西洋ないしオランダ趣味をみてとるのは、やはり妥当といえないのではなかろうか。

いずれにしても源内焼に、彼の異国趣味をみるのはよいが、それは中国趣味である場合が多く、西洋風ないしオランダ趣味は、必ずしも濃厚ではない。要するに同焼は、やはり中国陶器の範疇に入れるべき交趾焼風のものにほかならなかったのである。

それにしても源内は、かつて明和八年(一七七一)、幕府の天草代官に提出した「陶器工夫書」の構想を、のちのちまで忘れることはなかった。そして安永四年(一七七五)には、ふたたび長崎での製陶を計画し、幕府の役人どもと折衝につとめた。このとき彼は、長崎掛りの役人衆に源内焼をみせ、都合によっては源吾を長崎へ遣わして同地で焼かせ、中国やオランダに輸出したいといっている。この計画ではもちろん、源内焼風なものを中心に焼き出そうとしたと考えられる。そして彼が折衝につとめた役人衆とは、勘定奉行石谷豊前守清昌・同組頭益田新助であったらしいことは、平賀輝子氏蔵書簡断片によって明らかであり、彼らはともに長崎関係のことを担当していた。この折衝の際源内は、幕府が事業主体となることを求めたのであろうが、これに対し石谷らは言を左右にして、けっきょく彼の申し出を断わったようである。

二 国倫織

源内はまた毛織物の試織をおこなった。それまで毛織物は、「羅紗らせいたごろふくれんしよんとめめんへるへとあんさるせ毛氈類」(『放屁論後編』)にいたるまで、みな外国から輸入され、そのため長崎から国外に流出する金銀も相当な額にのぼった。そこに目をつけた源内は、例の国産奨励・国益増進論の立場からこれを国内で織り出し、自給自足の態勢を整えようとしたのである。

緬羊の飼育

彼はまず、原料の羊毛を得るため緬羊の飼育からはじめた。そして入手径路は明らかではないが、羊四頭をかねてから志度で飼っており、その世話は、主として桃源と妹婿平賀権太夫があたっていたらしい。

羊は古高松の久保家のいい伝えでは、祖先の桑閑が源内とともに長崎から帰国するとき連れ帰ったものであるという(『闡幽編』)。

河内屋の協力により試織に成功

源内はこの緬羊につき、わらをたくさんたべさせては、「臓腑ヲ巻き死」(平賀輝子氏蔵書簡)ぬから、くわせぬようにといった種類の指示を与えている。

毛織物――彼の場合羅紗の試織は、志度で度々おこなったらしいが、いずれも成功しなかった。しかし明和八年になって、堺(現大阪府堺市)肴屋町の河内屋左衛門の助力によって、ことは一挙に解決した。そのよろこびを源内は人に語って、

兎角大都会にあらざれば、事は成就致さず候。椽の下の力持や井蛙(せいあ)の了簡にては埒(らち)明き申さず候。(桃源らあて書簡)

といい、その成功を自讃している。そしてこの羅紗に自己の名を冠して国倫織(くにとも)と称したのであった。

国倫織の織り出しについては、郷里の親戚・知友はかなり協力的で、緬羊も飼ったし、また羊毛も大坂にいる源内のもとに送りとどけた。しかし羅紗を事業化するについては

消極的で、資金も出さなかった。それを源内は、彼の仕事を正当に評価するものがいないとして恨みもしているのである。

「綿羊一件」

源内の国倫織事業化計画は、明和八年以後立ち消え状態となっていたが、後述するように秩父における鉄山事業が失敗し、その赤字に苦しんだ晩年には、またぞろ羅紗のことを思い出したらしい。年月不明の栗山孝庵あての書簡では、「綿羊一件」につき、先達て勘定奉行川井越前守久敬へ願書を差し出し、私の思うところを話してみたが、「俗吏了簡」はなれ得ず、とかく納得のいかぬ様子なので、そのまま捨て置いたとしている。幕府はけっきょく取り上げなかったのであるが、しかし彼の計画が早きに失するものでなかったことは、寛政十二年（一八〇〇）に製絨所の設立を、幕府自身が企てたことによっても了解することができよう。

三　秋田行き

「古今の大山師」

源内は、二回目の長崎遊学の際、通詞たちから鉱山の採掘や精錬のことにつき、オランダの新知識を得ようとしたにちがいない。とにかく鉱山に対する、このころの彼の執

秋田藩から招聘される

心のほどはすさまじく、遊学を終えて大坂まで帰る道すがら、西国の鉱山は「大抵さがし」（桃源あて書簡）、大坂で滞在していた時も鉱山師的なふるまいをする。すなわち摂津多田銀・銅山につき調査をしたり、また水抜工事を工夫した。さらに大和の吉野山から大峰山にかけての金峰山（きんぷせん）を輩下の友七・専治に調査させ、その試掘を計画する。こうして「古今の大山師に相成り申し候」（同上）と人にも自慢したが、安永元年（一七七二）秋江戸に帰着したときは、秩父中津川村の鉄山事業が彼を待ちうけていた。同事業は長崎遊学前から計画されていたものであるが、同じように遊学前から依頼を受けていた秋田藩の封内鉱山の調査・産物取立などの仕事も、翌二年春から話が急に具体化する。そして源内と、彼の仲間の鉱山師吉田理兵衛の両人は、同年六月二十九日に江戸をたち秋田に向う。秋田藩は、藩士角田弟助を遣わし、彼らを案内させる。封内での両人の滞在日数は、往復の日数を含めて約百ヵ日の予定であった。

院内到着

七月十二日、源内・理兵衛の一行は、院内銀山（現秋田県雄勝郡）に到着した。藩は弟助とは別に平井喜六郎を遣わし応対に当らせるが、喜六郎は懇意とはいえないが、源内とは顔見知りの間柄であった。

院内銀山で両人は、現場のものからの報告をきき、主として採鉱の場所や方法について助言を与えたらしい。同銀山の検分を終ってから彼らは、角館（かくのだて）を経て阿仁銅山に向うが、角館到着は恐らく七月下旬ごろであったであろう。同地での彼らの宿所は、横町の酒造業者五井孫右衛門宅であった。いい伝えによると源内は、同所でたまたま秋田藩角館給人小田野直武の描いた屛風絵をみ、その巧みさに驚いて改めて彼を招き、西洋画の陰影法を授けたという。直武は、この画法を間もなく角館城代佐竹義躬（よしみ）や、主君の秋田藩主佐竹義敦（よしあつ）につたえ、やがて秋田の地には西洋画風のいわゆる秋田蘭画がおこなわれることになる。源内・理兵衛はまた、角館滞在中藩営白岩瀬戸山の土掘取立役小高宗決に接触して製陶法についての助言を与えようとするが、この方はうまくいかなかったらしい。

直武に西洋画法を授ける

阿仁へ赴く

角館から両人は、山越えに阿仁銅山（現秋田県北秋田郡）に向う。阿仁到着は八月初旬と思われ、同地の宿所は銀山（地名）の館岡方であった。源内は恐らく同地滞在中に、八月十四日付で菅原善兵衛あての書簡を出した。その内容は、善兵衛がかねて試掘している倉刈沢山（現平鹿郡増田町）の鉱石につき、精錬の準備を一応整えておくよう申し送ったものである。善兵衛は増田村（同上）の豪農であるが、そのころは鉱山にも手を出していたのであろう。

産銅から銀を絞る

阿仁銅山において、源内・理兵衛がどのような技術指導をしたかよくわからない。しかし県立秋田図書館蔵の「大山六左衛門・太田伊太夫記連書」（以下これを大山・太田記連書という）にみられる両人の同銅山に対する予見より推せば、産銅から銀を絞ったのではなかろうか。『石井忠運（ただゆき）日記』安永二年十月十一日の条にも、「阿仁銅山にて平賀源内銀絞りの儀に付」云々の語が見え、さらに『小高宗決勤功覚』にも、両人の指導は銅より銀を絞ることにあったとしている。

理兵衛の帰府

阿仁銅山の検分をすませた源内は、角田弟助に案内され、九月二日久保田（現秋田市）につき、同日本方役所で諸役人と面会した。一方理兵衛は阿仁より八森（ここに椿銀山がある）に赴き、久保田についたのは九月十九日である。十月六日には老中に引見され、金五十両賜わった。そして十月十日、源内より一足はやく同地をたち、江戸に向って帰途につく。

鉒丹精錬には失敗

この間源内は、比内（ひない）地方に赴き、大館附近の沼館山で鉒丹（とたん）山＝亜鉛山を発見する。そして亜鉛精錬に必要であるからとて、白岩瀬戸山から陶工らを招いた。彼らはやがてろくろ持参のうえ来着するが、沼館村の鉒丹山は、実はマンガン山であったため、亜鉛精錬にはけっきょく失敗する。

十月十四日源内は、沼館村をたち、同十七日久保田に帰着した。宿所は見上新右衛門方。見上は阿仁銅山の藩御山師、久保田郊外に別宅を持っており、そこで源内は泊ったのである（井上通明「風来山人の秋田行」『秋田文学』二四）。十月十九日太田伊太夫宅で彼は諸役人と会見。同二十六日には、関係の諸役人が谷（矢）橋の吉川惣右衛門下屋敷に集り、彼のために送別会を催す。同二十八日、藩は彼に金百両を与えることになり、うち五十両を給した。はじめ理兵衛同様五十両ですますつもりでいたが、二十八日にいたり百両に増額したのである。

金百両を与えられることとなる

十月十九日、源内は久保田をたって帰途につく。藩は伝馬三疋、駕籠歩人足らを支給した。途中彼は、平鹿郡増田村（現同郡増田町）に立ち寄るが、これはかねて同村の菅原善兵衛と取りかわしていた約束——善兵衛試掘の鉱石を、源内が手下の又兵衛に精錬させてみるという約束を果たすためであった。又兵衛とは、増田村の隣村縫殿村（現増田町内）の長百姓で、姓を長坂といい、源内が院内銀山に到着して以来、彼につき従って封内の諸鉱山を廻り、採鉱・精錬の技術を身につけていた。そしてこの又兵衛宅を訪問することも、増田に立ちよった源内の目的の一つであったかも知れない。

増田村に立ち寄る

秋田藩の得た利益

黄山あて書簡

さて源内・理兵衛両人を招聘することによって、秋田藩はどの程度の利益を得たであろうか。源内自らは、「国中産物勿論色々経済ども……凡一ヶ年二万両ばかりの国益」（黄山あて書簡）があったとする。秋田藩士小高宗決の『勤功覚』をみても、同藩は阿仁産銅から銀を絞ることによって、一ヵ年銀七十貫目ほどの徳用になったというから、銀絞りを中心に、かなりの利潤を得たものと考えてよいであろう。それにもかかわらず、両人が阿仁で教えた銀絞り法は山下流であるから、その効率はよくなかったといわれている。

また源内は、旧師であったと思われる菊池黄山あての書簡において、彼が秋田藩にもたらした功績により、藩主から「即座御褒美金百両、御自画の雲龍など拝領」したといっている。これはいささか嘘がまじり、実際は即座に五十両、のこりは江戸渡しということであった。源内はさらに言葉を続けて、藩主の内意は、彼に地方見取で二百石与えることにあった。それは合力知行とて手当に類するものであるが、秋田は荒野の多いところなので、場所によっては三千石・五千石にも相当する。しかしたとえ合力知行にせよ、それを受ければ家来同前となるので断わったところ、改めて一ヵ年銀百枚ずつ下されることになったという。これらの言も、もちろん割引して聞いた方がよいのではなかろうか。

それにしても源内は、田舎ものの秋田人の眼からすれば、都会人ではあり、それに「蛮薬蛮画の法、火浣布の製(す)（註略）、其他百計百事知らぬ事なき博識通才」（『黒甜瑣語』人見蕉雨）であったであろうから、影響するところもまた大きかったにちがいない。また源内の方も、このところは心得たもので、この秋田の地に、商売道具のオランダ製測器類のほかに、メガホン・遠眼鏡・顕微鏡などの舶来の奇器類を抜け目なく持ちこんでいるのであった。

「博識通才」

四　中津川鉄山

鉄山事業に取り掛る

安永元年（一七七二）の秋、「古今の大山師」（前出）となって江戸に帰ってきた源内は、これを待ちうけていた千賀(せんが)道隆・岩田三郎兵衛らの同志と力をあわせ、秩父中津川村での鉄山事業にとりかかる。すなわち同鉄山は、かねてから幕府に願い出ていたが、同年九月松平周防守康福(やすよし)の御小人(おこびと)衆――多分吉田理兵衛の内見となり、十一月には代官より差紙が到来し、江戸に出頭するよう指示があったので、中津川村の名主幸島喜兵衛は組頭半右衛門を伴って出府、帰村したのは十二月八日のことであった。こえて安永二年の春、岩田三郎兵衛が中心となって入山、鉄山の普請工事にとりかかり、小屋などがつくられた。三月十八日には、奉行の中津川下向となり、鉄・はがねなどの試験的な精錬もおこなわれて、「吹所」＝精錬所の建設にもかかった（『鉱山記録』）。

三郎兵衛への一札

かように万事が順調に運んだので、源内らも鉄山経営に自信をもったとみえ、同二年六月岩田三郎兵衛に対し、鉄山稼行がうまくいき利益があった節は、運上金・諸雑費を差し引き、残り利潤の二十分の一を永く貴殿に与えるという一札を、源内・千賀道有の連名で入れた。道有とは、幕府の医官である。源内・吉田理兵衛と組んで、かねてから鉱山事業に手を出していたのは千賀道隆であるから、道隆と道有の関係がまず問題になろう。

道隆と道有

森銑三氏は、道隆は道有の父と考えており（「平賀源内研究」『中央史壇』一四の五）、それを示唆するような、森田甫三の、同苗仙庵にあてた書簡も残っているらしい（片桐一男『杉田玄白』所引）。道有の名は、三郎兵衛あてのさきの一札によって芳久であることが知られるが、道隆の名は久頼といい、やはり、幕府の医官。『過眼録』（文化十五年＝文政元年〈一八一八〉成立）によると、『江都墓所一覧』には、享保六年五月二十三日没とあるという。享保は享和のあやまりと考えられるが、それにしても享和は三年までしかないから、これも解しかねるところがある。

しばしば秩父へ赴く

精錬に苦しむ

幸島家離座敷（源内は秩父滞在中ここに居住した）

ところで源内は、鉄山経営にともない、しばしば秩父に赴いた。安永二年の四月末ごろにも秩父にいたことは、服部玄広あて書簡によって明らかである。そしてこの時の滞在は、恐らく六月の下旬に及んだものと思われ、月末に帰府、続いて秋田に赴く。秋田藩佐竹侯の招聘（しょうへい）によるものであるが、同地から江戸に帰着したのは、早くても同年十一月下旬のことであろう。江戸に帰ると、中津川鉄山の仕事で再び忙しくなる。すでに同鉄山は、彼が秋田に出発する前から精錬に苦しみ、玄広あての書簡にも、「鉄山の儀は……去りながらいまだ吹方手に入り申さず、大に苦み罷り在り候」といっている。しかし翌安永三年二月には、なお希望のもてる状態にあ

「鋳銭最中」

馬道などもつけたか

ったとみえ、岩田三郎兵衛あての書簡にも、「鉄山の儀誠に時節到来と存じ奉り候……是非く当年は吹掛り申し候」とある。文中の「時節到来」とは、当時水戸・仙台両藩が「鋳銭最中」であり、その料鉄が求められていること、および「江戸定座」も同じことをするうわさがあることなどを指すと思われる（いずれも同上書簡）。いったい水戸・仙台両藩の鉄銭鋳造は、すでに安永元年（一七七二）に中止されたはずであるが、しかし水戸藩は、安永三年ごろに鋳銭をした形跡がある。また江戸定座云々も、幕府の銭座において鋳銭の議があったことを示すものと考えられ、事実安永三年中に、幕府は鉄銭を鋳造した（もっともしばらくして中止した）。源内はこうした状勢をバックにして、中津川鉄山の成就を急いでいたらしい。そして同三年二月には三郎兵衛に、赤岩から坂元（本）まで馬道をつけるよう指示している。赤岩とは、中津川村の採鉱現場から直線距離にして北方約三キロ半の赤岩峠のことと思われ、ここから坂元まで直線距離にして約六キロある。また坂元から両神村の渓谷地帯を通り、小鹿野から大淵に出、または薄より贄川に出る、かなりの長距離の道路の利用、そして恐らく修復も考えていた。これらの計画が、どの程度まで実現したかは明らかではないが、しかし単なるペーパー＝プランに終ったとも思われないのである。

鉄山の方は、精錬がうまくいかなかったとはいえ、鉄は多少製されていた。安永三年と推定される三郎兵衛あての書簡には、仙台藩の鋳銭方から金子を少々受け取り、有り鉄を渡す手はずになっているといっている。当時の仙台藩は石巻に鋳銭座を置き、鉄銭＝「仙台通宝」を鋳造するための料鉄確保に躍起となっていた。そして安永四年（一七七五）には、領内の鉄山を直営にしたほどであるから、中津川鉄山にも目をつけたのであろう。

仙台藩が目をつける

こうして同藩は、同鉄山の精錬について協力し、また源内に対しても多分「鋳鉄」に関し御用を仰せつけてきた。あるときのごときは、藩御用人斎藤忠兵衛が源内の宅をたずねてきて、秩父に行こうとしていた彼を押し止め、同藩の御用を果すよう依頼してやまない。やむなく彼はそれを聞き入れ、秩父へは名代（みょうだい）を遣わすことにしたところ、同藩は「山中飯米として現米百石」（松浦正一氏蔵書簡）を彼に下し与える計らいをしたという。

人前をつくろう

さて鉄山は、その後も順調とはいえなかった。しかし源内は、とかく人前をつくろう癖があり、特に郷里の人に対してはなおさらであったから、菊池黄山にあてた書簡では、

私数年願望の秩父鉄山も成就仕り、追々生鉄鋼鉄ども沢山出、且刀釼（ママ）にも作らせ候

処、無類の上鋼鉄にて利釼を鍛へ出、先日より田沼君へ差出し置候。近々御様（ため）させ下され候筈に御座候。

「鉄性」が悪い

と、はなはだ景気のよいことをいっている。田沼君は、もちろん意次である。鉄山からは、銑鉄や鋼鉄がとれたのであろうが、彼のいうほど上質のものではなく、むしろ「鉄性」が悪いものであったことは、平賀輝子氏蔵書簡断片に、「秩父の鉄も五千貫目ばかり吹溜これ有るところ、鉄性（二字欠）鍛冶ども遣いにくき由にて、当分売かねこまり候」といっていることによってもよくわかり、彼はやっと船釘やかすがい用として鍛冶屋に売り渡して愁眉をひらいているのである。

砂鉄

いったい中津川鉄山は、今日のように鉄鉱石を採掘したものではない。すなわち我が国において、鉄鉱石から熔鉱炉によって製鉄する方法がおこなわれたのは幕末ごろからであって、それ以前はみな砂鉄から製していた。中津川鉄山の場合も、もとより例外ではない。佐藤信淵（一七六九―一八五〇）校の『新校正山相秘録』をみても、鉄は他の金属とちがって、「土砂ノ中ニ混ジテ生ジテ、岩石中ニ生ゼザル」（巻下）所以を明らかにしている。そして岡田唯吉氏が、秩父郡大滝村役場に問い合わせたところ、その回答として、源内は中津川の川原で砂鉄を採取したというが（『讃岐偉人平賀源内翁』）、この種のこともありえたと思われる。しかし中津川村の採鉱現場は、鉄山と彼がよんでいるのであるから、同村の山々で、いわゆる鉄穴（かんな）流しの方法で砂鉄を得ていたものと考うべきであろう。

「鉄穴流し」

鉄穴流しとは、鉄分を含んだ岩石が風化して崩落状態にあるのを、上手から谷川の水などを引いて水路をつくり、この中へ鍬（くわ）で崩し入れ洗い流す方法である。この場合、普通の土砂は軽いから下流に流れ去り、砂鉄は重いので残るのを、いくつかの堰（せき）を設けて採取するのである。

銑押法・鉧押法

つぎに採取された砂鉄は、炉場にまわされる。精錬用の炉は粘土でつくられ、円形のものと方形のものの二通りがある。この炉の中へ、砂鉄と木炭を交互に入れ、これを「たたら」で吹きたてる。たたらとは、足で踏んで空気を送る大きな鞴（ふいご）のことである。こうして銑鉄または鋼鉄を得るのであるが、銑鉄をとる方法を銑（ずく）押法、鋼鉄を主として採取する方法を鉧（けら）押法という。両方法は、すべての原料砂鉄に適用できるものではなく、その砂鉄の成分によって、最初から銑鉄ができるか、鋼鉄になるか、定まっているのであった（小葉田淳『鉱山の歴史』）。

中津川鉄山はしかし、けっきょく「吹方熟し申さず、行はれかね」（権太夫あて書簡）た。それが同鉄山の命とりとなり、早くも安永三年中に休山のやむなきに至った。幸島家の『鉱山記録』には、「目論見人(もくろみにん)平賀源内大しくじり有レ之故也」とある。

休山

休山後の鉄山は、そのまま捨てておくわけにはいかぬので、「鉄山は休候てさへ二人」(同上)云々といっているように、何人かの保安要員をのこした。そのうえあと始末もしなければならず、安永四年(一七七五)にも、かねて採取していた製鉄原料＝砂鉄を、たたら経営の鉄山師に売り渡す計画を彼はたてたらしい。その種の業務が、かなりのちのちまで続いたであろうことは、安永六年(一七七七)末、幕府の代官から「吹出鉄」その他についての運上金上納のことを命じられていることによっても知られよう。

請山

なお中津川村は、天領であった。このため源内は幕府に願い出、いわゆる請山(うけやま)の形で鉄山の経営にあたった。そこで一定の割合で冥加金を差し出さねばならぬが、その割合は、鉄三十貫目につき銀一匁だったのである。

五　炭焼―荒川通船

鉄山事業に失敗した源内は、同じ秩父で炭焼事業を思いついた。鉄精錬の場合に用い

たたらと炭焼

る大型のたたらには木炭が大量にいるから、鉄山稼行時代より炭焼には縁があったわけである。もっとも源内の鉄山経営は、砂鉄の採取を専らとし、それをたたら経営の鉄山師にうり渡して、彼らに精錬させていたのかも知れないが、その場合でもたたら師が多勢の山子を抱えて炭焼に従事しているのを彼は見知っていたはずである。だから彼自身が改めて炭焼事業に乗り出したとしても、決しておかしくはない。

試験的に炭焼をはじめる

まず源内は、秩父郡影森村の百姓持山である橋立山で、安永四年（一七七五）彼の四十八歳の夏から試験的な炭焼をはじめた。その際彼に代わり、百姓たちとの交渉その他にあたったのは、同郡久那村の岩田三郎兵衛と、同村の喜左衛門であった。そして橋立山の炭焼が引き合いそうに見えたので、同年末からは本格的に焼き出すことになり、両人に対しては謝礼の意味で、諸雑費を引いた残り利潤のうち一割を提供するという約束をした。両人のうち喜左衛門は、久那村の名主で、現在子孫が荒川村久那にいて諸氏を称している。

喜左衛門との約束

源内は別に、喜左衛門に対し同年十二月二日付で、つぎの約束もした。すなわちこのたび忍藩領秩父郡川浦山・蟬山および同郡白久村熊倉山合計三ヵ所で炭焼事業をおこなうにつき、願人として源内の名を出すのは差し障りがあるので、喜左衛門の名を使わしてもらう。ついてはいよいよ事業がはじまるならば、諸雑費・諸入用を差し引き、残り利潤の二十分の一を提供し、別に「出し人足」や諸事の世話料として、出炭一万俵につき五両ずつ渡すというのである。

大規模な焼出計画

同じ安永四年の末には、炭焼事業について郷里の妹婿権太夫にかなり詳しく語り、従来のような「手焼」では埒があかないので、大々的に焼き出すため、伊豆の炭山師山本文野右衛門と相談し、利分けの約束で、一年後には三万俵焼き出し、場合によってはそれを十万俵にもふやす計画であるといっている。こうして焼き出された炭は、荒川通船によって江戸に運んだ。

川船

この通船は元来、鉄山の稼行にともなう鉄以下の物資を運搬するために計画され、大宮村（現秩父市）の久保四郎右衛門（四郎左衛門とする説もある）らが協力し、安永四年にいたりようやく完成した。区間は「荒川通贇川村より久下村迄」（前沢藤十郎あて請書写）六十数キロである。

さて源内の炭焼事業は、「人に世話致させ」、自分は江戸にいて「手をぬらさず利分」（いずれも、権太夫あて書簡）になるようなやりかたをした。しかし現地で彼にかわり差配する人物も必要だったとみえ、讃岐出身の、彼の使用人要助を、「川船世話」という名目で秩父に遣わした。要助の任務はもちろん川船＝荒川通船の監督にあったであろうが、そのことをとおして炭焼事業にも関与しているのである。

業績順調

炭焼事業は、はじめはうまくいったとみえ、恐らく権太夫にあてたと思われる平賀輝子氏蔵書簡断片にも、

> 秩父も段々成就致し大慶に候。当時炭焼三十四五人、竈十八にて焼出させ候。一月に炭四千俵づゝ出来致し、皆々川船にて積み下し申し候。

とある。多分安永五年の状況について述べたものであろう。そして同年末には川船を世話していた要助と、「炭方の手代」どもとの間が不仲となるような事件も起こったが、これは与四郎の斡旋で何とか丸くおさまった。この与四郎も讃岐出身で、源内のやはり使用人である。

問屋仕切から問屋仕入へ

炭焼事業は、安永五年中は順調だったらしく、源内も来年からはこれに専念したいと思ったこともあった。しかしやがて、この事業にも暗影がさしはじめる。すなわち彼の最初の見込では、「問屋仕切」（権太夫あて書簡）——問屋に委託して販売する場合でも、かなりの

利潤があるはずであった。しかし実際にことに当ってみると、そのような「大売は元入掛り」(同上)、資金繰りに彼は苦しむようになる。そこでやむなく「問屋仕入」に切りかえた。すなわち江戸の問屋丸屋伊右衛門が仕入先銀——木炭の生産・輸送用の資金の前貸しをおこない、そのことを通して炭焼・通船事業に事実上参加してきたのである。そのうえ山本文野右衛門も仲間になっているので、源内の得る利潤は、全利益の四分の一にとどまることになる(平賀輝子氏蔵書簡断片)。これではうま味が乏しいから、源内もしだいに熱意を失ったとみえ、安永六年(一七七七)ごろから、この事業も、ついに尻すぼみ状態になってしまったらしい。

六　菅原櫛と金唐革

「大物入」

こうして源内の、鉱山師・炭山師としての活動は芳しい結果を得ることができなかった。特に鉄山事業については、「大物入」をかさね、金額にして「五―六百両」(いずれも平賀輝子氏蔵書簡断片)も注ぎこんだ末の休山であり、それにあと始末もしなければならぬので、これらが彼に与えた経済的な打撃は大きかった。また炭焼・荒川通船の両事業も、安永四年の末ごろ

貧乏を口にする

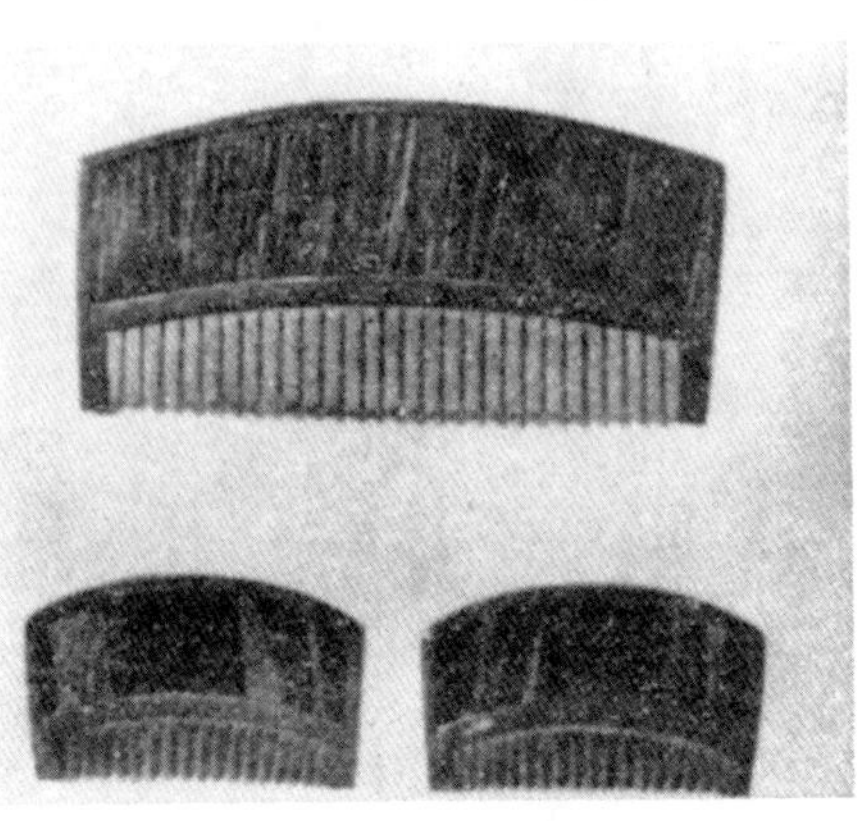

菅原櫛（『全集』さし絵より）

には、「最初の入たし」（権太夫あて書簡）が必要であり、あれやこれやで彼はやりくりに苦しみ、それまで母の扶養の意味もあってか、権太夫に送っていた金子も、都合がつきかねる有様となった。貧乏を口にすることも、このころから急に多くなり、たとえば「所は神田大和町の代地、一月三分の貸店に、貧乏に暮せども」（『天狗髑髏鑒定縁起』跋）とか、「貧家銭内」（『放屁論後編』）とかいってみたりするのである。

櫛を改めて売り出す

そこで彼は、苦しまぎれからか小手先仕事に思いつき、菅原櫛や金唐革をつくり出し、それらで生計をたてるにいたった。まず菅原櫛は、安永五年（一七七六）春から売り出された。それはすでに二回目の長崎遊学以前につくられていたものであるが、改めて売り出してみるとよく売れ、わずかな期間に百枚もさばけたという。贅沢な細工櫛で、伽羅の木に銀の覆輪をおいた棟に、象牙の歯をしつらえ、それにたとえば月にほととぎすなどの絵模様をきざんだものである。値段もいちじるしく高く、一枚の小売値が金一分二朱、時には二分もした。『平賀実記』によれば、それを彼は、吉原で今を時めく遊女丁字屋(ちょうじや)の雛鶴におくり、彼女を通してぬけ目なく宣伝したという。源内櫛とは、菅原櫛の別名である。

紙製の金唐革

つぎに金唐革も、菅原櫛と前後して、その製造にはげむようになった。金唐革とは元来、うすいなめし革に唐草などの文様をおき、金漆を塗ったものであるが、源内が主として製したのは、革に似せた紙製のものであったらしい。すなわち、荘内藩士池田玄斎の随筆風筆録『弘采録』の「平賀源内の小伝」および同人の『翁左備(わさび)抜書』中の「源内伝」は、いずれも荘内藩医鳥海孝文の原著によるものであるが、孝文はかつて源内と交渉があり、その宅をしばしば訪れて金唐革の彩色などを手伝ったという。そして、その際の同革の製造法は、「紙を渋もみにして形を打(ち)、彩色、金銀箔置にし」(『翁左備抜書』)たものであった。

本草細工人

いずれにしても、安永四－五年ごろからの源内は、使用人総勢五－六人で菅原櫛や金唐革のような細工物づくりにはげんだので、世間の人は彼を「本草細工人」と呼んだという（同上）。

菅原櫛や金唐革は、さきにもいうように小手先細工である。それらは世間にひろまっている彼の名声をうまく利用して売りさばこうとした、ただの小間物にすぎぬから、果して「本草細工」と呼ぶに価するかどうか大いに問題であろう。のみならずこれらは、彼の例の大義名分論――長崎貿易を通して流出する正金銀を阻止するために国産をおこし、国益をはかるという名分論からしても解(げ)しかねるところがある。少なくとも菅原櫛＝源内櫛については、そういえるであろう。それは源内も告白しているように、「露命をつなぐ営(いとなみ)」（『放屁論後編追加』）に、やむなく手がけたものにすぎないから、彼はこれを「賤しき内職」（同上）であると卑下しているのであった。同じように彼が、この時代にも引き続いて執筆した浄瑠璃や広告文も、卑しき内職のたぐいであるといえばいえぬこともないのである。

「卑しき内職」

この時代の源内はまた、狂文のたぐいも書きちらし、「鬱懐を吐」（南畝『奴凧』）き、自己の不遇をかこつかのごとくである。そのうち注目に価するのが『放屁(ほうひ)論』と『同後編』の二作であろう。

『放屁論』

『放屁論』は、序・跋の年次が削られ、刊年を明らかにすることができないが、岩波書店刊『風来山人集』の同論解説にもいうように、放屁男が江戸両国の見せ物となったのは、安永三年(一七七四)四月からのことであるから、同年中の刊行と考えてよい。内容は、世間一般が旧習墨守のマンネリズムに陥っているのに対し、各自の工夫・才覚が本当に必要であることを強調し、放屁男が今まで誰も用いぬ尻によって曲屁をひり出し、天下に名をあげたのはあっぱれであるとする。要するに放屁を褒美にひっかけたのである。この作品は、わが国に先蹤作を求めることもできるらしいが、しかし源内がかつて傍注をほどこした、中国の笑話集『笑府』にも、屁や屎を題材としたものがいくつかある。それらによって触発されたところもあったであろう。

『放屁論後編』

『放屁論後編』は、自序に安永六年丁酉五月とあるから、その時の刊行と考えられる。この書において源内は、自らを貧家銭内として登場させ、その工夫・考案になるエレキテルにつき、見物に来た儒者石倉新五左衛門に火の出る道理を説明する。その際放屁男の例をとったり、中国の陰陽五行説や、印度の五輪・四大の説をかりるが、最後は彼が世にいれられず、また誤解もされて山師とそしられていることに対する憤懣やら、弁解・抗議やらをくりひろげる。それは典型的な「憤激と自棄ないまぜの文章」(平秩東作が、源内の戯文をあつめた『飛花落葉』に与えた序)であって、彼の「総作品のエッセンス」(『風来山人集』解説)とみることができよう。

『放屁論後編』には、「追加」が添えられている。それは『後編』の最後の個所を敷衍(ふえん)して自己の立場を明らかにしたものであり、末尾は菅原櫛製作の際、木室卯雲から贈られた狂歌にこたえる形でしめくくっている。卯雲は通称七左衛門、幕臣で狂歌を得意としたが、また小咄本(ばなし)『鹿子餅(かのこもち)』を刊行して、この方面の基礎をおいた通人でもあった。

木室卯雲

第六　エレキテルと洋風画

一　七年の工夫

本格的な「本草細工」

ところが本格的な「本草細工」とみるべきエレキテルが、菅原櫛や金唐革の製作に従事しつつあったさなかに完成する。源内はやはり国益増進の立場を忘れていなかったのである。すなわち菅原櫛・金唐革は、国益増進論とほとんど結びつかないが、エレキテルは、確かに「日本の金銀を、唐阿蘭陀へ引たくられぬ、一ツの助」（『放屁論後編』）になるものであったからである。

『厚生新編』の説

エレキテルとは、ラテン語の Electriciteit の転訛（てんか）したもの、源内も時には、やや正確に「ゑれきせゑりていと」と書いている（同上）。『厚生新編』雑集の「越列吉低力西的乙多（エレキチイリシテイト）」の条によると、明和年間源内は長崎で、通詞西善三郎がかつて持っていた、エレキテルのこわれたものを手に入れた。それを江戸に持ちかえり、復原しようとして種々苦心し、或る年は参府のオランダ人たちにききもした。しかし一向に要領を得なかったが、彼らにつき従ってきた老訳生庄三なるものからヒントを得、ついに復原に成功したという。この時助手として、源内を助けたのは工人弥七であり、完成は安永五年（一七七六）十一月、エレキテルを長崎で手に入れてから、足掛け七年の歳月がたっている。

修理・復原に成功

こうして源内は、舶来のエレキテル＝摩擦起電機を、実は修理・復原し、同種のものをいくつかつくったにすぎない。したがってそれは、彼の発明などといえる代物(しろもの)ではないが、西洋自然科学の伝統のないわが国において、ただ通詞やオランダ人からの聞きかじりの知識や、それから勘によって、復原に成功したことは、やはり驚くべきことである。

『紅毛談』

いったいエレキテルが、オランダやドイツでつくり出され、その実験が珍しがられはじめたのは、一七四五年ごろからである。そしてそれがわが国へも安永二年（一七七三）には公に舶載され、翌年三月甲比丹(カピタン)によって幕府に献上せられた。しかしそれ以前から長崎へはひそかに輸入されていたらしく、後藤梨春の『紅毛談(おらんだばなし)』にも、「ゑれきてりせいりてい」のことを説明して、それは「病人の痛所より火をとる器」であるといい、友人髭髯(しぜん)

斎も長崎で治療をうけたとし、この器のさし絵ものせている。同書の刊行は明和二年（一七六五）であるから、そのころまでに同地へはすでに持ちこまれていたのである。

『紅毛談』は、オランダ関係の見聞を書き集めたものであり、その中にオランダ国の「二十五文字」＝アルファベットをのせていたため幕府の忌むところとなって、直ちに絶版を命じられたという（『蘭学事始』）。これは恐らく事実であったであろうが、源内は梨春と親しかったから、もちろんその一本を手に入れていたはずである。そして同書は、源内のエレキテル観その他に重大な影響を与えたのであった。

桂川甫周の示唆

また源内の友人南畝と交渉のあった鈴木桺の『鳩渓遺事』によれば、桂川甫周もエレキテル復原について大きな貢献をなしたという。すなわち甫周は語学の才があり、蘭書を六－七割かた読解することができ、エレキテルの製法もある程度知っていたが、いま一歩というところで行きづまっていた。そこで源内にわかった範囲のことを伝えるとともに、あとのことは君の智恵をしぼって完成してほしいと頼んだ。源内はこれを承知し、甫周の教えをメモして帰ってからわずか数日にしてその術を得たという。桂川家とエレキテルとの関係は、のちのちまで浅くないので、この種のこともあるいはあり得たかも知れない。

現存のものは二個

しかし源内は、人の功まで奪うところがあったから、庄三や甫周のことは彼の口からはきくことができず、あたかも彼一人でエレキテルを、「産を破り禄を捨……金銀を費し」(『放屁論後編』)てつくり出したかのようなことをいっている。現在彼の製作になったと信じられているエレキテルが二個あり、その一つは香川県大川郡志度町の平賀源内先生顕彰会に、他の一つは、東京の逓信博物館に蔵せられている(口絵参照)。もとは二つとも香川県の物産陳列所の所有であったが、博物館の樋畑雪湖氏が当時の香川県知事に同館への寄贈がたを懇請した。これに対し県は、もとの所有者平賀熊太郎氏の了解を得て、二つとも博物館に寄託したが、館側は両者をとどめおいては天災などにより同時に失われる恐れのあることを憂え、その一つを収め、他の一つを県へかえしたという(「日本電気学の先駆者としての平賀源内先生」『逓信協会雑誌』二三八)。その返してきた分が、現在顕彰会にのこっているエレキテルにちがいない。

佐々木説

そして博物館の所蔵に帰したものも「香川県　平賀熊太郎氏寄贈」という名目になっているという(同上)。しかし佐々木礼三氏によると博物館の分は、もと香川県の久保計一氏の所有にかかり、同家の祖先桑閑(そうかん)が、源内から贈られたものであるとする(「讃岐医人伝」)。

博物館蔵のもの

蓄電瓶のないエレキテル

博物館蔵のものは、木製の箱状で、高さ二八・二センチ、たて二五・八センチ、よこ四五・八センチ、内部には発電ならびに蓄電の装置がある。ハンドルの出ている面は白ペンキで塗られ、その面の向って左下方に方形の小窓がとりつけられ、その戸に SEIKIZEJ ELEKITERE と墨色の二行書にし、箱の他の三面は、赤・藍・緑などの色でオランダ唐草模様を描いている。ハンドルを廻すと、内部にあるガラスの円筒と、金箔を張った枕とが摩擦し、それぞれに陰陽の電気がおこる。それを導線によって中央にある蓄電瓶に一たんたくわえ、それを改めて、箱のうえにつき出た銅線に導く。銅線は尖端が二段二股(また)に分れ、その両端に鎖をつるして実験した。蓄電瓶には鉄くずをつめ、下端を松脂(やに)で絶縁してある。

顕彰会蔵のものは白木造りで、やや小さめの粗末なものである。ハンドル・銅線の部分も形が博物館のものとはかなりちがい、またどうしたことか蓄電の装置がなく、しかも最初からそれが取り付けられていた形跡がない。これでは電気はおこるが、蓄電された電気のように強力ではないから、実験は十分できぬはずである。

二　火の出る道理

「雷の理」

エレキテルは源内によれば、西洋人が「雷の理」を以て考え出したものであるという(『放屁論後編』)。アメリカのフランクリンが、稲妻と電気とが同一であるとの仮説をたてて避雷針をつくったのが一七四九年、有名な凧の実験を試みたのが五二年のことである。それらが早くも通詞などを通し、ふたしかな知識としてではあるが、源内の耳にも達していたと考うべきであろう。

ガラスと琥珀

それにしても源内は、電気のもつ性質については、ほとんど知らなかったといってよい。しかしエレキテルは、「硝子ヲ以(テ)天火ヲ呼(ビ)、病ヲ治シ候器物」(源内訴状控)としているのであるから、ガラスが重要な働きをしていることぐらいには気付いていたらしい。周知のように一七三三年には、フランス人デュ＝フェーが摩擦によって電気をおこす実験——ガラスと琥珀をそれぞれこすることによって、二つの性質のちがう電気、のちにいう陽電気と陰電気をおこす実験をおこなったが、そんなこともごく断片的な、彼自身もよく意味のわからぬ知識として聞き知っていたにちがいない。その点『神霊矢口渡』

の有名な文句、「琥珀の塵や慈石の針、粋も不粋も一様に」も、ただ中国に古くからある対句「琥珀拾芥、磁石吸針」にもとづいたものとのみいえないところがあるであろう。

系統的な知識はない

しかし概していえば、源内は電気学に対する系統的な知識は何も持ち合わせていなかった。それにもかかわらずエレキテルの復原にたまたま成功し、同機の実験をすることによって火花を出すこともできたし、電気的衝撃を人に経験さすことができたのである。そこで世間の人々はエレキテルに不思議の思いをし、源内は「外国の奇物を制」(『風来紅葉金唐革』)したものとして驚嘆されたり、「飯綱幻術」(『放屁論後編』)をつかうものとして恐れられて、狐つかいや魔術師と同一視されたのであった。

陰陽の理を尽したもの

これに対し源内は、エレキテルはそのように摩訶不思議のものではなく、要するに陰陽の理を尽したもので、人体から火の出る道理を目前に示した尊い道具であるとする。すなわち彼は、彼なりにエレキテルから火の出る道理を語ったが、その場合、何よりも中国古来の陰陽の理にもとづいてそれをした。彼によれば、自然も人間もみな、「陰陽の二ッを以て躰をなす」(『風流志道軒伝』)が、その陰陽も帰するところ火であるとして火一元論にすすみ、火こそは天地万物——したがって人間の根源であるというのであった。されば人間の身体から火のでることがあるのも当然であり、エレキテルはその火の出る道理を目前に示す道具であるというのである。

五輪・四大の論

つぎに彼は、仏教の教説によって同じ結論を引き出そうとする。すなわち仏教では、自然も人間もみな、地水火風空の五輪よりなると説く。それをうけて彼は、空と風とは体用の関係にあるから、五輪はけっきょく四大＝水火土気に帰するといい、その四大のなかでは、一番火が大切であると論じて、ついに火一元論に到達するのである。

天火

こうして陰陽説からしても、また五輪・四大の説よりしても、しょせんは火一元論に帰し、火は天地万物の――したがってまた人間の根源となる。そしてそのような火は、普通の火とはちがうであろうから、彼は地上の火と区別して、これを「天火」と呼んだ。そしてエレキテルは要するに「硝子ヲ以(テ)天火ヲ呼」(前出)ぶ道具であるとしたのである。

『紅毛談』の所説を推し進める

以上のごとき源内の論は、けっきょく『紅毛談』の所説を発展させたにすぎない。すなわち梨春も、人間はもともと水火から成っているから、人体から火の出ることがあっても、それは少しも不思議ではないとする。そして梨春・源内の場合をふくめて、この種の論はそれなりの説得力を持っており、エレキテルから火の出る道理の説明としては、これであるいは間にあったかも知れぬ。しかし源内の議論は、電気的衝撃については何も明らかにしておらず、また戯論の形でしか展開していないから、そこに何とはなしに不真面目なもの、さらにいえばごまかしに近いものさえ、人に感ぜしめるであろう。のみならず、『放屁論後編』冒頭で麗々しく論じた、「西洋の人雷（いなずま）の理を以て考」えたというその雷と、火花あるいは衝撃がどのような関係にあるか、それも明瞭には説かれてはいないのである。

三　病を治する器

高級見せ物

エレキテル＝摩擦起電機は、欧米においても、その実験がはじめは宮廷、のちには民間でおこなわれ、それが一種の見せ物となっていた（フランクリンが電気学に興味をもったのも、この種の実験をみてからである）。そして源内も、このことをオランダ人や通詞からきいていたらしく、彼はまず、エレキテルを大名など上流階級のための高級見せ物として提供したのであった。

見物客で賑わう

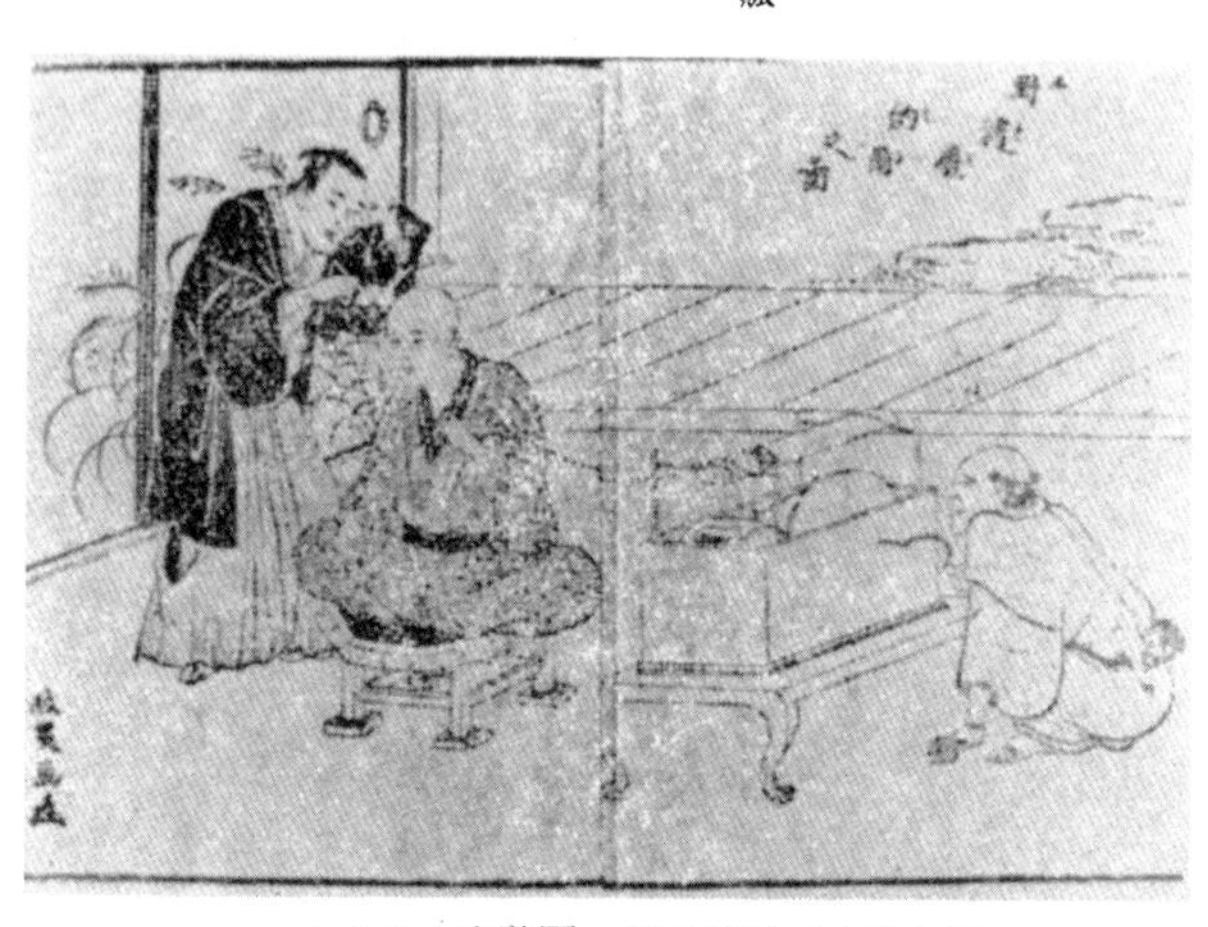

エレキテル実験図 （『紅毛雑話』さし絵より）

ゆらい田沼時代は、オランダ船載物といえば何でもよろこばれたが、欧米においても未だ「奇器」の域を脱しないエレキテルを、日本人源内がわが国においてつくり出したというのであるから、評判が評判を生み、「高貴の旁を初として」（『放屁論後編』）、これを見んことを願うものが多かった。そのため、この道具をおいた深川清住町の彼の「別荘」は「大名客」（いずれも、宮脇又右衛門あて書簡）でにぎわうことになる。『平賀実記』によると、京都から下ってきた富商三井八郎右衛門にも、源内は実験してみせたというが、時には彼の方からエレキテルを持参して大名屋敷を廻ったりした。そしてたとえば、信州松代藩真田侯の、上麻布谷町にあった藩邸で実験したときは、火花がうまく出ず、散々の体であったらしい。この場合なぜ火花が出ないか、その原因を電気学の知識のない彼は、はっきりつきとめることができなかったのである。

「浪々渡世之一助」

こうして彼は、エレキテルを高級見せ物にすることによって、「御謝礼をせしめ」（同上）、それを「浪々渡世之一助」（源内訴状控）にした。これでは半ば興行師的な所行というほかはないが、彼はそれにふさわしく、時には饗応を用い、また余興まで添えて見物客の誘致につとめた。そのうえエレキテルの実験は、司馬江漢の『春波楼筆記』にもいうように、「只紙の動き飛ぶと火気の光り見ゆるのみ」であったから、簡単すぎて間が持てず、ことさらこれらのサービスにつとめる必要があったのであろう。またそのサービスぶりも、田沼一族やそれに連なるものに対しては鄭重をきわめ、たとえば神田橋御部屋様、すなわち意次の妾が見物にきた時は、「住太夫に氏太夫・蟻鳳・いせ源・京文と申す名代の声いろ」のほか芸者衆を差し出し、「大馳走」（いずれも宮脇又右衛門あて書簡）を極めているのであった。

「大馳走」

エレキテルはまた、医療用の器械としても利用された。すでに欧米において、電気の衝撃は病気を癒す効果があると信じられており、それがわが国へも、いつの間にか伝わっていたとみえ、『紅毛談』の著者も「ゑれきてりせいりてい」は、病人の痛所より火をとる道具であるといっている。源内もこの話や、通詞・オランダ人たちの示唆もあって、エレキテルは、人の身体より火をとり、病気をなおす道具であるとした。そして千賀道有にあてた書簡では、立軒なる人物にエレキテルによる治療を一廻り受けてみるよう、すすめてくれと依頼し、併せてこの治療は服薬とちがい、効かなくても害にはならないといい添えている。

病気をなおす道具

エレキテルにどうして医療の効果があるのか、当時の欧米でもよくわかっていない。ただわが国の場合もふくめ、エレキテルそのものが神秘視され、それに電気的衝撃は誰にでも感ぜられるので、医療効果が何ほどかあるものと、一般に信じられたのであろう。しかも源内の場合は、特に火一元論の立場にたっていたから、人がその健康を保つためにも、身体中の火を按排・調節しなければならぬと考えた。エレキテルがそれをおこなうのであるから、同機にはいよいよ医療効果があるとしたにちがいないのである。それにしても源内は、電気学の知識がほとんどないのに、エレキテルの修理・復原にたまたま成功した。これは主として、独特な彼のからくり的勘に負うものであろうが、その勘たるやまことにすばらしい、また彼は、公衆の面前で事実において電気の実験をおこな

身体中の火を按排・調節する

った、わが国最初の人物であるという点でも、やはり忘れてはならない存在であろう。

四　日本画から西洋画へ

狩野派風な素人絵

『品隲』中の自画

エレキテルで世間が大騒ぎしているころ、源内はまた西洋画の教授につとめていたと思われる。いったい彼は、幼少のころから絵心があり、狩野派風な素人絵をかいたらしいことは、彼の十二歳の時の作品と伝える「おみき天神」によってもうかがわれよう。また宝暦十三年（一七六三）、彼の三十六歳の時に刊行した小説『風流志道軒伝』においては、風来仙人という彼らしい人物を登場させ、浅之進、すなわちのちの深井志道軒に対し、「只人の学（ぶ）べきは、学問と詩歌と書画の外に出（で）ず」と諭さしめるが、これは彼が、書画を人間教養の体系として重視していたことを示すものであろう。そして当時は、彼のような学者・インテリないし文人の間で書画のたぐいがもてはやされていたから、彼も『物類品隲（ひんしつ）』巻六附録中に、その自画「蔗（しょ）ヲ軋（きし）リテ漿（しょう）ヲ取ルノ図」、および同じく彼の自画と考えられる「糖霜ヲ澄結スル瓦器ノ図」をおさめた。両図はともに、明の宋応星の『天工開物』中の同じ画題のさし絵によっており、したがって一応模写と考えてよいが、

『根南志具佐』見返し絵

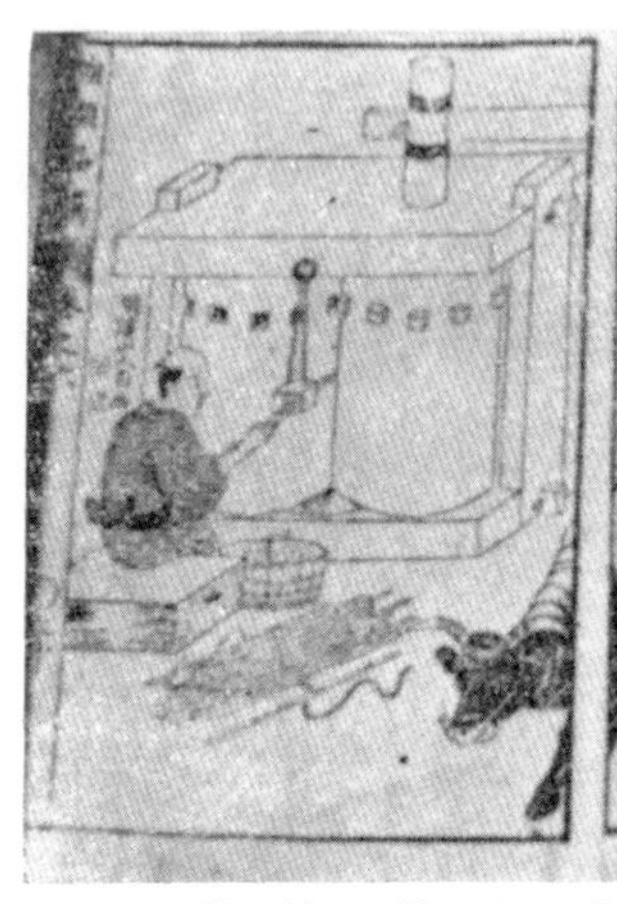

蔗ヲ軋リテ漿ヲ取ルノ図（『物類品隲』巻六所載）

しかし源内の図がはるかにうまい。特に自画であることの明らかな「蔗ヲ軋リテ漿ヲ取ルノ図」の牛の部分は、『開物』のさし絵が白描であって、しかも稚拙をきわめているのに対し、彼のそれは黒く色をつけ、量感表出にもかなり成功している。

源内はまた、同じ十三年に小説『根南志具佐』前編を出すが、同書のはじめからあったと思われる見返しに、根のない草を寓してか香台の煙の中にさく花を向って左側にかき、右側に閻魔王らしきものを描いている。紙鳶堂風来画としているから、彼の筆になることは確かであるが、絵のできばえはよいとはいえない。さらに明和五年（一七六八）刊の『根無草後編』のなかで源内は、瀬川菊之丞の美貌をたたえ、「雪渓の花鳥も色を失ひ、春信も筆を捨つ」といった。これは当時の彼が、花鳥画においては楠本雪渓、美人画では鈴木春信を高く買っていた証拠であろう。

古賀説

ところでこのころまでの源内の画風は、どちらかといえば伝統的な狩野派の枠内にとどまっていたと考えてよい。さきにあげた「蕉ヲ軋リテ漿ヲ取ルノ図」のごときも、古賀十二郎氏は、そこに西洋画の陰影法がみられるとしているが、それは恐らくいいすぎであろう。日本画にも、この程度のものなら従来からあり、そのうえ遠近法が全く認められず、逆に日本画の特徴である逆遠近法が用いられているのであるから、やはり日本画――それも狩野派の枠内にある日本画とすべきであろう。そして『根南志具佐』前編の見返し絵も、同じ種類に属するものと考えるよりほかはない。

元雄所蔵のCruydt-Boeck

ところがその源内が、宝暦末のある時期から、漢画の南蘋(なんぴん)派画家楠本雪渓と馴染むようになった。そして雪渓ともども、西洋画に対する傾斜を強めることになる。まず源内は江戸にのぼって田村元雄の門に入ってからは、元雄所有のドドネウス著"Cruydt-Bocek"を閲覧する機会がしばしばあり、それに収められた木版の細密なさし絵にも注目したは

楠本雪渓

「泊夫藍」図

ずである。宝暦十一年（一七六一）になると、彼自身が『紅毛花譜』と呼んだオランダ書を手に入れ、同十三年刊の『物類品隲』においては、本草書の例にならい、「図絵」一巻を収めた。珍品三十六種を図譜にして示したものであるが、その筆者は末尾の署名によって雪渓であることがわかる。雪渓は南蘋派の江戸における第一人者。南蘋派とは享保（一七一六—三五）の末年に長崎に来住したことのある清人沈南蘋（しんなんぴん）の画系であり、その特徴は、画院風な緻密な描写の、色彩豊かな写生画であった。雪渓も、長崎に赴いて南蘋の弟子熊代熊斐（ゆうひ）の門に入るが、また宝暦八年（一七五八）長崎に来た清人宋紫岩にもついて画技をみがき、名も中国風に宋紫石と称したりした。そして江戸に帰ってからは、盛んに蘭学者と交わり、西洋画に対して強い関心のほどを示す。こうして雪渓は、もともと南蘋派の画家でありながら、西洋画風な写実画——オランダ博物書の図譜・さし絵にみられるような写実画に親しんだ。そこで『物類品隲』の「図絵」をかくに当ってもオランダ博物書の図譜・さし絵のいくつかを利用し、なかには「泊夫藍（サフラン）」図のように、『紅毛本草』、すなわち Cruydt-Boeck の臨模であることを明らかにしたものもある。

さて雪渓を源内にとりもったのは、杉田玄白であろう。すなわち玄白が医業を営んで

源内と雪渓の交情

いた日本橋通四丁目の宅のすぐ隣りが雪渓宅であり、両者はもちろん親しかった。そこへ玄白の親友源内が出会うということになったのでなかろうか。そして『物類品隲』に「図絵」をかいてから、雪渓・源内の交情はますます深まったとみえ、明和五年（一七六八）三月、源内が『紅毛禽獣魚介虫譜』、すなわちヨンストンの『動物図譜』を手に入れると、早速それを雪渓に貸し与えた。雪渓はこの図譜をむしろ西洋画の手本として利用したらしく、同書のライオン図にもとづいて「獅子図」の掛幅を書きあげた。また彼の著編になる『古今画藪』中にも、異品十三種を描く際、同じ『紅毛禽獣魚介虫譜』を参考にしている。

「形状設色皆真ヲ奪フ」

明和にはいってからの源内は、ほとんど毎年のように蘭書を手に入れた。その多くは博物書であり、なかには『紅毛禽獣魚介虫譜』や、ドドネウス著『紅毛本草』＝Cruydt-Boeckのように、当時としては貴重なものも少なくない。そしてこれらの博物書は、図譜またはさし絵入り本であり、しかも大部分は銅版画であって、なかには『紅毛花譜』のように彩色をほどこしたものもあった。すなわち最後のもののごときは「形状設色皆真ヲ奪フ」（『物類品隲』「ベレイソブラーウ」の条）といわれるように、形状はもとより、色彩においても正確な写実画であった。漢画である南蘋派が写生・賦彩を旨とするといっても、この種の西洋画には、とうてい及ばない。こうして雪溪もそうであるが、源内はしだいに西洋画に接近した。そして後者の場合は、それまでの日本画——狩野派風な日本画をやがて捨て去ったように思われるのである。

絵具に対する関心

絵画に早くより関心をもった源内は、『物類品隲』においても、比較的絵具を多く取りあげた。そして時には、

> コヲルド　和名シヤムデイ、此ノ物往年暹羅人長崎ニ持来ル……研テ画色ニ用テ赭黄色ヲナス。秋景中山腰ノ平坡、草間ノ細路、深秋草木又ハ松幹ノ類、此ノ物ヲ用テ甚ダ妙ナリ。

という風に、その絵具を用うべき情景にまで及んでいる。また『品隲』では、和漢の絵具に比して西洋絵具をとりあげることが多いとはいえぬが、後者は当時輸入にたよるほかなかったので、例の国益増進論の立場から、それをつとめて国内で探索しており、コヲルドのごときも、伊豆田方郡で発見しているのである。

五　「赤服蘭人図」と「西洋婦人図」

写実的な西洋画にひかれる

雪溪と交わり、南蘋(なんぴん)派の絵に一時心をよせた源内ではあるが、それにもまして写実的な西洋画により強くひかれて行く。特に二回目の長崎遊学の際、吉雄耕牛の家その他において、輸入された油絵や銅版画、それからガラスに油絵具でかいたビードロ絵などを見る機会がしばしばあり、また輸入の油絵・銅版画を模写した邦人画家の作品も寓目したことであろう。のみならず江戸においても浮絵・眼鏡絵が流行して、西洋の科学的な遠近法・陰影法が誰にも次第に身近なものとなりつつあり、そのうえ蘭学者ないし蘭学ディレッタント(源内もその一人である)の間では、その学問の性質上写実的な図譜・さし絵が求められたから、源内の絵画趣味が、しだいに西洋画的なものに傾斜して行くのも、けだしやむをえないことであろう。こうして源内は、おそくとも明和の末年ごろまでに西洋画の理論と、その実技をある程度身につけ、それを人に教授するにいたっているのである。

「黒奴を伴う赤服蘭人図」

香川県小豆(しょうど)郡内海(うちのみ)町安田に、「黒奴を伴う赤服蘭人図」という、蘭人を画材にした日本画が高橋啓二氏によって蔵せられている。これはかつて暉峻(てるおか)康隆氏が源内の作品と認

黒奴を伴う赤服蘭人図
（香川県，高橋啓二氏蔵）

定し、その制作の時期も明和初年ごろと推定した（「平賀源内の洋画」『国画』昭和一八の一二）。たて一〇三・七センチ、よこ五〇・四センチ、紙本彩色、いまは軸物に仕立てられ、箱書には「平賀源内翁画幅　一帖」とある。画面左下の隅に二行書きに近いかたちで「平賀源内」と署名がしてあり、ひさご形の印を押し、印文は図書と読める。暉峻氏は、署名はややかたいが、だいたい源内の手蹟であると認め、しかも現所有者の曾祖父弥三治氏が、志度の平賀から入夫しているから、その時持参したものと考えて、伝来は正しいとした。この絵は、西洋の油絵または銅版画の模写と考えられるが、絵具は在来の日本絵具が用いられている。暉峻氏は、題材が洋風であるばかりでなく絵そのものに多少の陰影法がみられると考えるところから、初期洋画としての資格十分とみているが、果してそうであろうか。第一にこの絵に

色の濃淡によるモデリング

は遠近法がない。陰影法は暉峻氏はあるというが、それも色の濃淡によるモデリングにすぎず、この程度のものなら在来の日本画にもみられるであろう。第二に源内の署名なるものが如何にも力弱く、印文「図書」も、他に使用されている例を私は知らない。第三に画面についてみても、描線や彩色に出来・不出来があり、特に稚拙な部分もあって、顔面のすぐれた描写力とつりあわぬ。第四にオランダ人が黒人をつれた図柄は、長崎版画に多く、また内海町のこの絵と非常によく似た図柄の日本画もあちこちにあり、香川県にも林喬（たかし）氏旧蔵のものにそれがあって源内筆と称されているところからすれば、内海町のものが特に源内の真筆とみなさなければならぬ理由もない。いずれにしてもこの絵は、初期洋画などでないばかりでなく、源内の筆であるかどうかも、大いに疑問である。

西洋婦人図（神戸市立南蛮美術館蔵）

西洋風な絵

神戸市立南蛮美術館には、源内筆と伝える油絵「西洋婦人図」を蔵している。たて四一・五センチ、よこ三〇・五センチで、手製のカンバスに同じく手製とみられる油絵具で描かれ、「源内」と署名がある。画面人物の髪飾りの部分に南蘋派風な手法がみられるが、一応西洋画と考えてよい。ただし菅瀬正・成瀬不二雄氏のいうように、「顔の陰影は在来の東洋人物画の隈取り（くまど）りと大差はなく、遠近感も無視され」（「平賀源内と秋田蘭画」『原色日本の美術』所収）ているから、厳密にいうとそれほど西洋風の作品ではない。署名に多少問題があるが、今のところ源内の作品であることを疑う有力な意見も出ていないので、やはり彼の作品とみるべきであり、そういえば顔かたちや髪の筆線にも覇気が感じられる。全体的にいって技巧の円熟しない、素人風な稚拙味があり、それもまた彼の作品であることを示す一材料であるかも知れない。

模写か

この絵はまた、西洋画の模写と思われる。古賀十二郎氏によれば、Gaseo と署名した邦人画家の作品中に、この絵とほとんど同じ髪型をし、顔かたちから表情までよく似た油絵があるというから（『長崎絵画全史』）、この「西洋婦人図」と Gaseo の作品は、同じ原画によったものであろう。

外山説

以上のほかに外山卯三郎氏は、描法・絵具などからして、「楽器を持つ西洋婦人像」52×42や、「竪琴を持つ西洋婦人像」45.5×32の二作も、同じく源内の作品であろうとした（『日本初期洋画史考』）。しかしこの説は多数の承認を得ていないので、ここでは問題にしないことにする。

けっきょく源内の洋風画の作品として比較的信頼のおけるのは、「西洋婦人図」のみとなるが、これもすでに述べたように模写である。しかし当時においては和漢画の場合、稽古といえば模写か写生であり、西洋画の場合も同様であったであろうから、「西洋婦人図」がたとえ模写であっても、それをことさらに咎めだてをするほどのこともないであろう。

六　画法の教授と画観

「西洋画法を授」ける

源内は、年代不明の十月三十日付の栗山孝庵あて書簡で堺屋源吾に「西洋画法を授」けたといっている。源吾は志度の町家の忰、かねがね源内の指導のもとに源内焼を焼いていた。ここで源内は、西洋画法を授けたとはっきりいっているが、源吾はしょせん焼物師であって画家ではないから、源内が彼にどの程度のことを教授したのか、そこのところが明らかでない。源内焼の絵付に西洋画風を取り入れるよう示唆したという意味かも知れないが、現存の同焼からは、それが必ずしも明瞭に看取できぬのである（既述）。

直武の出府

また源内は、秋田藩佐竹侯の招きにより、封内鉱山の調査などをしたとき、同藩角館給人小田野（おだの）直武に西洋画の陰影法を教え、ほかに荻津勝孝・田代忠国らにも、西洋画法を授けたという。このうち直武は、源内が江戸に向って秋田をたったのち、そのあとを追うようにして出府する。藩からは産物他処取次役という役目をもらっているが、それは名目だけで、本当は源内について、西洋画や西洋学芸を学ぶのが目的であったらしい。当時の藩主佐竹義敦、角館城代佐竹義躬がともに絵——特に洋風画を好んだので、直武を江戸にやり、代って学ばせたのであろう。

『解体新書』さし絵

出府後の直武は、間もなく頭角をあらわす。すなわち安永三年（一七七四）八月刊行の『解体新書』に、早くもさし絵を描いた。これは玄白と親しい源内の推薦によるものであろうが、銅版画の原書さし絵を、細い筆を用いて丹念に写しとり、見事な木版画に仕上げている。

ところで源内は、西洋画の遠近法や陰影法の理論は直武に教え得たであろうが、実技になるといかがであろうか。成瀬不二雄氏が指摘しているように疑問としなければならないが(『曙山・直武』)、しかしとにかく直武は源内を師として仰ぎ、『弘采録』や『翁左備抜書』の源内伝によると、彼は源内宅に同居して画技にはげんでいたかのようである。そして源内も、この優秀ではあるが身持は余りよくない門人を気がかりに思っていたらしく、直武が安永六年(一七七七)出羽に一たん帰国したとき、「小田野直武に示す」という一文を与えた。これは久しく直武の子孫の家に蔵せられていたが、明治になって火災にあい焼失した。しかしその全文は、源内の戯著『飛だ噂の評』中に「門人何某に示す」として取り入れられているから、今も見ることができる。

「小田野直武に示す」

それにしても直武は、源吾とは異なって全くの画人であったから、源内もここに真の意味の洋風画の弟子を得たわけである。そして彼は、孝庵あての書簡において、「頃日御約束仕り候武助画二幅、昨日取寄せ候故、持たせ進上し奉り候。兼て申し上げ候通り、私取立の画法にて御座候」といっているように、武助＝直武の画法が彼の取り立てたものであることを明らかにし、また同人の絵を人にも示して、やや得意になっているのである。

「私取立の画法」

源内はさらに、西洋銅版の法についても、門人司馬江漢に示唆するところがあった。それは江漢の著『和蘭通船』によって明らかであるが、これも西洋画に関連があるから附説しておく。

画観の変化

とにかく源内は、中年以後西洋画的なものに大きく傾いたと思われるが、同時に画観のごときも実用主義的なものに赴いたにちがいない。すなわち本草・物産書は、従来からさし絵のたぐいをさしはさんでいたが、オランダ博物書の形式を真似しはじめて以来、その傾向がますます顕著となる。この場合挿入すべき図譜・さし絵は、正確であることが必要であるから、「形似真ニ逼ル」（『火浣布略説』末尾）ような写実画でないと、実用的な価値も生じない。この関係から本草・物産学者の多くや蘭学者は、おしなべて絵画実用論の立

●画法綱領
●天ノ覆トコロ地ノ載スルトコロ陰陽融交シテ萬物生ス而テ地度異ナレハ物殊ナリ故ニ彼ノ有所ハ此ニ無キトコロ此ニ有トコロハ彼ノ無キ所彼此交易シテ生ヲ養ヒ用ニ給ス是古今ノ通義ナリ譬ハ絶文ノ人アリトモ天地ノ廣キ万物ノ多キ居ナカラ是ヲ識別セニヤ蓋古人文字ヲ造テ言語ヲ傳ヒ画圖ヲ作テ物象ヲ辨スル者ハ此カ爲ナリ然トイヘ𪜈文字ハ大概會意假借ニヨラス漢土ノ四声傳訓ノ國字歐邏巴

『画法綱領』の最初の部分

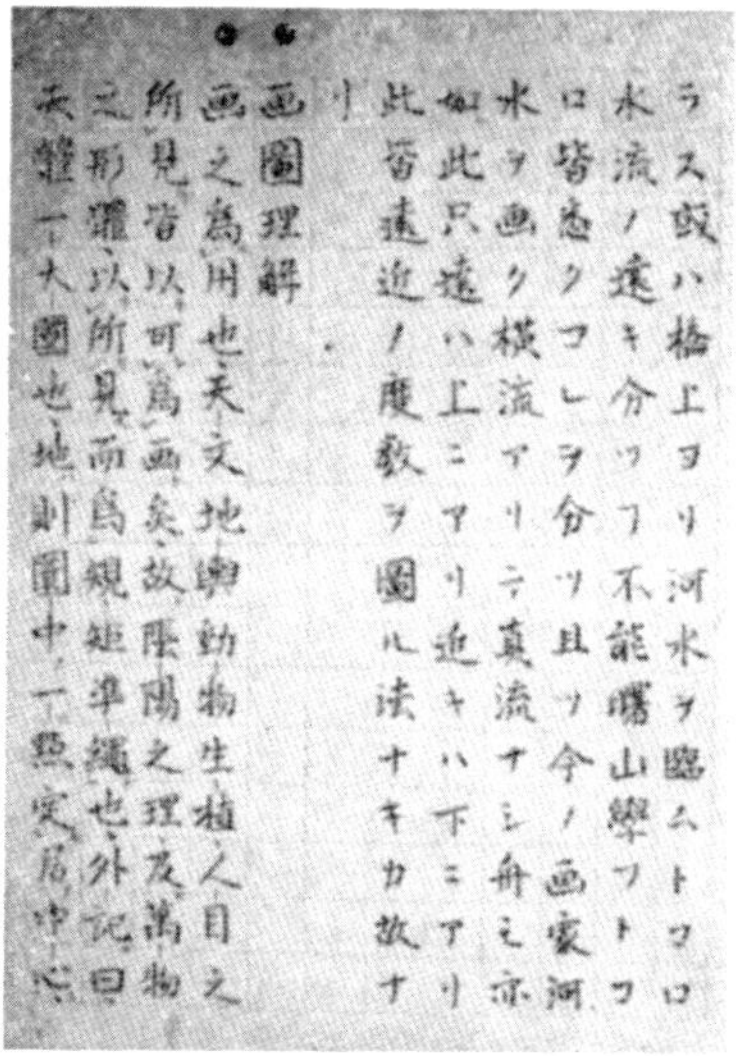
ラス或ハ橋上ヨリ河水ヲ臨ムトコロ
水流ノ遠キ分ツ可不能曙山學フトコ
ロ皆悉クコレヲ分ツ且ツ今ノ画家河
水ヲ画ク横流アリテ真流ナシ舟之亦
如此只遠ハ上ニアリ近キハ下ニアリ
此皆遠近ノ度数ヲ図ル法ナキカ故ナ
リ

画図理解

画之為用也天文地輿動物生植人目之
所見皆以可為画矣故陰陽之理及萬物
之形躍以所見而為規矩準縄也外記曰
天壌一大図也地則図中一点実居中心

『画図理解』の最初の部分

場にたち、西洋的な写実画でないと実用性もないと主張する。源内の場合ももとよりその例外でないと一応考えることができるであろう。

　源内の立場は、小田野直武を通して佐竹義敦、号曙山に重大な影響を与えた。曙山は安永七年（一七七八）『画法綱領』および『画図理解』をかいて、絵画においては写実をとうとばねばならぬこと、写実を重んずることによってはじめて実用性も生ずることを説いた。司馬江漢は源内の弟子に当るが、彼もまた曙山とほぼ同じ主張を、より徹底した形においておこなった。曙山も源内の孫弟子にあたるから、江漢・曙山の画論が期せずして一致するとすれば、それから逆に源内の画論も類推することができるであろう。

　こうして源内は、彼らに先んじて実用主義的な画論をとなえ、その立場から西洋の写実画を推重したものと思われるが、それにもかかわらず、彼はもともと風流人であったから、東洋画のもつ「雅」の境地や、それから芸術がおしなべて遊び・戯れの性質を持つことも忘れなかったであろう。すでに彼は『紀州産物志』において、わが国の貴族の間で中古以来貝を集めて遊ぶ習慣があるのを、「甚(はなはだ)雅遊」であるとし、また同じ『産物志』に、「貝品絵画仕(り)、彼(の)者ども相覚へ、和名を相正し、漢名等一々相考」えるのも、「薬用に而(て)無二御座一候得共、風雅之一助」になるといっている。要するに彼は、実利・実用とは一応別な「風雅」の世界のあることを認め、これに遊ぶことも人生にとっては必要であるとしたのであった。

雅の境地

単なる絵画実用論者ではない

もっとも『紀州産物志』をかいたころの源内は、絵画のうえでは日本画にかかずらっていた。しかしのちに西洋画に傾斜して、それを手がけるようになっても、この風雅の精神を失うことはなかったと思われる。それ故に彼は、文人あるいは通人たり得たのであり、特に文人としての彼は、雅俗の物指をあてはめれば、雅を守りながら同時に、俗の領域にまで大きく進出したにすぎない。そのような彼が、絵画において単なる実用論者に終ろうはずはないのである。

第七　浄瑠璃

一　福内鬼外

義太夫節の流行

義太夫節による操り浄瑠璃芝居は、上方においてかつて全盛をほこったが、明和以後は衰えるのみで、竹本・豊竹両座も退転した。このころから太夫(たゆう)の東下がめだつようになり、江戸がかえって義太夫節の流行期に入り、劇場のごとくも肥前座のほかに、外記座・結城(ゆうき)座も同節で占拠される。こういう時期に源内は、その持前の器用さから浄瑠璃にも手を出した。

作者となる下地

いったい彼は、幼少の頃から『太平記』『三楠実録』などを愛読した。脚本としての浄瑠璃は、もともと軍記物の系統に属するから、幼少時に彼が軍記物に馴染んだことは、後年の浄瑠璃執筆と深いつながりがあろう。のみならず彼の郷国讃岐には、金毘羅(こんぴら)さんや白鳥社があり、大坂の義太夫一座が西国を巡業するとき、これらの門前町にたちよるのが例であったから、源内は早くから、本場の義太夫節に親しむ機会を持ったといえよう。これらが下地となって、彼はついに浄瑠璃作者としても、立つようになる。

源内の、浄瑠璃作者としての筆名を福内鬼外(ふくちきがい)という。鬼外の作品はすべて九編、いま初演年代にしたがって列挙してみると、

1 神霊矢口渡(やぐちのわたし)　明和七・一・一六、外記座、補助作者＝吉田冠子・玉泉堂・吉田二一。

2 源氏大草紙　〃七・八・一九、肥前座、単独作。

3 弓勢智勇湊(みなと)　〃八・一・二〇、肥前座、補助＝吉田仲治。

4 嫩榕葉(わかばのみどり)相生源氏　安永二・一・二（ただし正本後序による。寛政版『外題年鑑』は二・四・三〇）、肥前座、単独作。

5 前太平記古跡鑑　〃三・一・一二、結城座、単独作。

6 忠臣伊呂波実記　〃四・七・一五、肥前座、単独作。

7 荒御霊(あらみたま)新田神徳　〃八・二・八、結城座、合作者＝森羅万象・二一天作。

8 霊験宮戸川　〃九・三・三、肥前座、単独作？

9実生源氏金王桜　寛政一一・一、肥前座、単独作。

となる。このうち『宮戸川』は、その稿がすでに安永七年（一七七八）二月以前になっていたことが、佐々木昌興氏蔵源内自筆文書によって知られる。『金王桜』は三段しかない。寛政十一年（一七九九）一月、興行と同時に刊行された正本には、「故人福内鬼外遺作」として、表紙見返しの太夫役割付四段目以下の空欄に、座本の名で鬼外が故人になったので、この続きができない旨断わっているから（黒木勘蔵『浄瑠璃史』）、未完の作品と考えられる。『相生源氏』も、鬼外自身が「末三段は趣向のみにて、いまだ筆をさへ採らず」（同後序）としているから、これも書き足されることはなかったのであろう。また『宮戸川』と『金王桜』の二つまでが、彼の死後初演された。特に『金王桜』のような未完の作品が、死後二十年もたってはじめて上演されたのは、彼の人気がながく衰えなかった証拠であろう。

未完作

ところで右の九編のうち、『矢口渡』『智勇湊』『新田神徳』および『宮戸川』は、他人の補助を受け、または他人との合作であるが、その他の諸編は、いずれも彼の単独作であるとみられている。『矢口渡』が吉田冠子以下三人の専門家の「補助」を得ていることは、正本末尾にその旨を記し、また源内みずからが、「只初段の切、三段目の口のみ

補助と合作

予が筆にあらず」（『矢口渡』跋）といっていることによって明らかである。要するに浄瑠璃は、形式や約束ごとが多く、またそれを人形にのせ、三味線にあわせなければならないので、やはり専門家の訂正・加筆を必要としたと思われ、それも鬼外のさきの言にかかわらず、ほとんど『矢口渡』全体にわたっているものと考えられる。『智勇湊』も吉田仲治の補助をうけ、『新田神徳』にいたっては、門人森羅万象、大坂の二一天作との合作である。合作とは、立作者の指図の下に、誰はどこ、彼はそこという風に一場々々割り付けて、共同制作をすることである。『宮戸川』は普通に彼の単独作とみられているが、安田文庫旧蔵の大田南畝『判取帳』によれば「若宮御所の段」が万象の筆になるというから、やはり補助を得た作品と考うべきであろう。

南畝の協力

つぎに補助・合作とは別に、鬼外は南畝に依頼し、彼の浄瑠璃草稿に、和漢の故事などを書き入れて貰ったという（『鳩渓遺事』）。鬼外と一時親交のあった南畝は、こういうことをするのに、全くうってつけの人物であったのである。

冠子のすすめ

さて鬼外が浄瑠璃を執筆するにいたる直接の動機は、吉田冠子のすすめによるものである。当時の源内は、少壮気鋭の学者として認められ、また戯作・狂文にも筆を染めて、その方面でも十分人に知られていたから、かねがね目をつけられていたといえる。冠子とは人形遣い兼作者、演出家としても名高い吉田文三郎の子二代目文三郎で、彼もまた人形遣い兼作者であった。明和五年（一七六八）二度目の江戸下りをし、肥前座にあって父の作号冠子をつぎ、同七年にいたり外記座に移った。その冠子にすすめられて、鬼外は外記座のために筆をとったのである。

南三井家の介在

もっとも右の背後に南三井家が介在していたとする説もある。すなわち同家の次郎右衛門高業（たかなり）は、かねてから冠子をひいきにしていた。そして冠子を通して、当時有名な源内＝鬼外に浄瑠璃を執筆させたという。高業は、大坂に生れ江戸に移り、幕府の為替用達をつとめたが、故あって隠居し、学問や文筆・書画に親しんで自適の生活をし、江戸の浄瑠璃作者のパトロンとなるとともに、自身も筆をとって、『糸桜本町育（いとざくらほんちょうそだち）』『碁太平記白石噺（ばなし）』などを、他人の補助を得、または合作の形でかいた。作者名を紀上太郎（きのじょうたろう）という。

江戸浄瑠璃

『矢口渡』をきっかけとして、鬼外は晩年の約十年間、つぎつぎに浄瑠璃の作品を公にし、その方面でも有名になる。いったい義太夫節の江戸進出は、すでに享保（元年は一七一六）

のころにはじまっているが、明和のはじめまでの江戸は、大坂において人気のある操り浄瑠璃をくりかえし上演するにすぎなかった。このいわば上方文化の植民地的状態を脱却して、江戸における義太夫節を独立させ、いわゆる江戸浄瑠璃を成立させた、最も早く、かつ有力な作者が鬼外ということになる。

二　本　草　趣　味

五段形式と多数段形式

鬼外の浄瑠璃は、純粋に形式のうえからのみいえば、五段形式のものと、多数段のそれがある。すなわち早い時期に上演された三作=『神霊矢口渡』『源氏大草紙』『弓勢智勇湊』は、五段形式をとっている。『実生源氏金王桜』も、三段しかない未完の作品であるが、五段形式を意図していたように思われる。この点『金王桜』は、初演の時期は一番おくれているが、成立は最初の三作に近いかも知れない。

時代物

こうして数の上では五段形式四編、多数段形式五編ということになる。また鬼外の浄瑠璃はことごとく時代物であるが、それは同時に世話物の味を持ち、なかには『忠臣伊呂波実記』のような時代世話もある。いったい世話物の要素が加わり、それが強く表面

『神霊矢口渡』

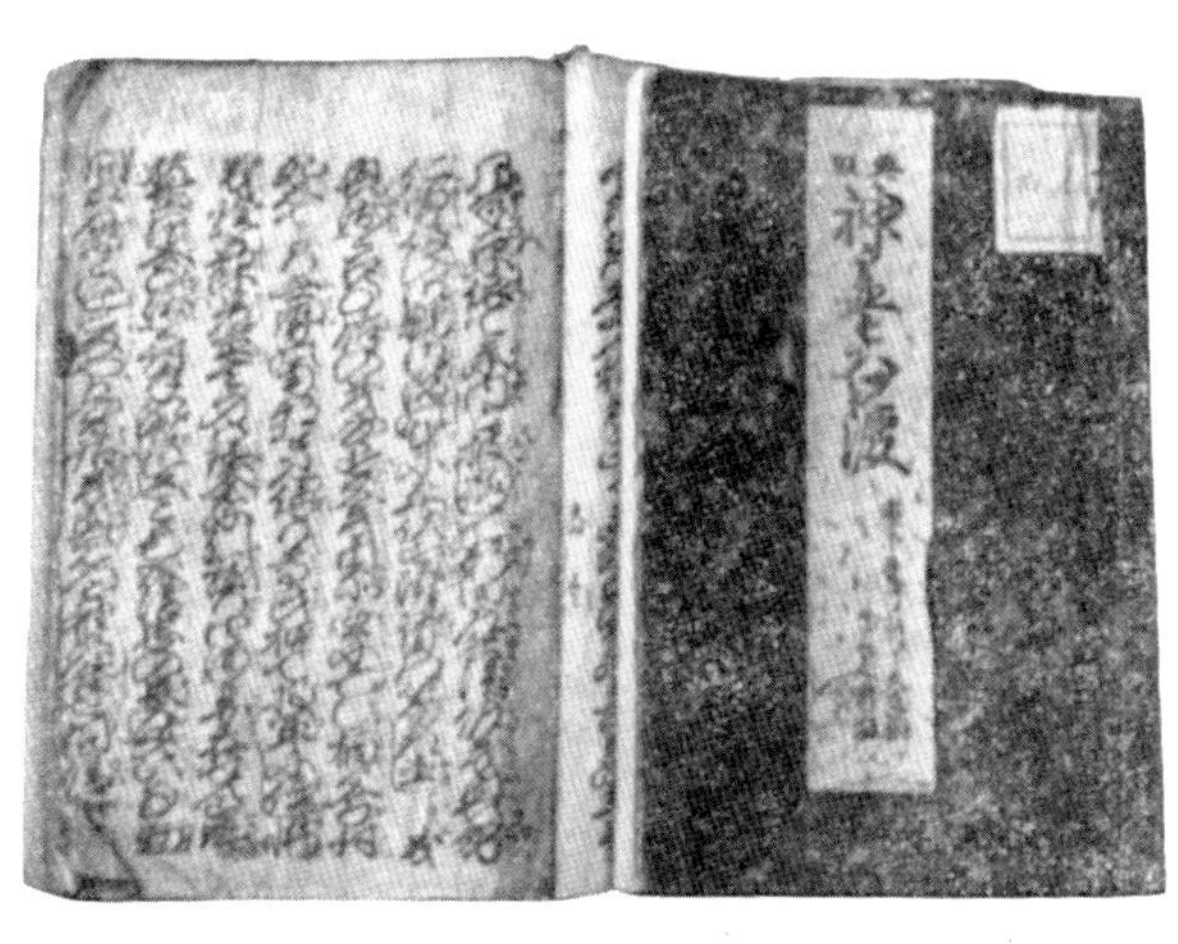

『神霊矢口渡』正本

に出てくると、伝統的な五段形式を守ることが困難となり、多数段形式をとるようになる。彼の場合もそうであるが、それにもかかわらず五段組織を守ろうとする意識は強く、たとえ多数段形式のものでも、組織としては五段の構成をとっている。

まず彼の処女作で、同時に代表作であった『神霊矢口渡』についてみれば、それは冠子らの補助を得てはいるが、全体としてはよくまとまった作品である。その世界は、いわゆる太平記物で、『太平記』第三十三巻の「新田左兵衛佐義興自害の事」を下敷にしている。前半の主人公は、もちろん義興であるが、後半になると、彼の弟義岑（よしみね）や、遺臣たちが活躍し、それらをうまく新田明神に附会している。

ツボを心得る

『矢口渡』は最初から評判がよく、江戸者の人気をさらった。これにくらべて第二作『源氏大草紙』は、それほどでもなかったが、しかし彼の単独作であるから、それなりの特色をそなえている。この二作を含めて、彼の浄瑠璃の全作品は、昔から概して評判がよい。すなわち素人の割に、浄瑠璃のツボを心得ているのである。しかし浄瑠璃史の立場よりすればいろいろ問題があるらしく、園田民雄氏は彼の作品を概評して、登場人物の性格や各場面の趣向につき、それは「古人の模倣・翻案を敢てして、その足元へもとゞかざる」(『浄瑠璃作者の研究』)ものであるとした。同じように重友毅氏も、上方において発達した浄瑠璃の約束が巧みに受けつがれ、取りいれられているが、別に「創意として附け加えられたものはな」いという(『日本近世文学史』)。これが専門家による彼の作品に対する、おおかたの評価と考うべきであろう。

古人の模倣・翻案

鬼外の作品に、模倣・翻案のあとを指摘するのは、実は容易である。そしてこのことは昔からいわれていたことで、たとえば南畝は『神霊矢口渡』につき、三段目南瀬六郎・由良兵庫の段は、中国古典から一変化した『曾我物語』の「杵臼鄭嬰(しょきゅうていえい)が事」(巻一)によるとした。また鬼外の戯作上の弟子森島中良は、やはり『矢口渡』につき、右以外に『愛護稚名歌勝鬨』『仁徳天皇難波梅』などの先行浄瑠璃作品の模倣がみられるといっている（『反古籠』）。

しかし先行作品の模倣・翻案は、浄瑠璃の世界ではほとんど日常茶飯事に属する。すなわち浄瑠璃は、「其形既に一定し、唯作者は其の模型に従ひ伎倆を試るの外な」（水谷弓彦『平賀源内』）きものであるから、この種のことは容易におこり得るのである。

身代りの趣向

いまこれを鬼外の場合についてみても、彼は五段組織を忠実に守っているばかりでなく、趣向や文辞のうえでも、つかいふるされたものをだいたいにおいて踏襲している。たとえば身代りの趣向は、時代物浄瑠璃では手垢のついたものであるが、彼の作品でも盛んに活用され、九編の作品中『忠臣伊呂波実記』を除いて一回、多いときは三回も使っている。この一事を以てしても、他は推して知るべきであろう。

新しい筋立て

以上のようにして鬼外の作品は、筋立て・趣向、および文辞の末にいたるまで、だいたい在来のものを模倣・翻案しているのであるが、それにもかかわらず新しいものが、そこにみられぬわけではない。まず筋立てについて、彼は従来の五段組織を守りながら、

趣向上の新味

なおかつそれに何物かをつけ加えた、異風なものがみられる。いま『源氏大草紙』を例にとってみると、すでに近石泰秋氏が指摘しているように、一段目中において敵役梶原源太が傾城吾妻野に横恋慕しかける場面があり、そこへ鎌倉一のやさ男に仕立てられた朝日奈三郎があらわれて、歌舞伎の「暫く」よろしく留めに入る。そして源太・三郎・吾妻野などのやりとりがながながと続くが、これは一段目中の常識をやぶるものである(『操浄瑠璃の研究』)。同じことが個々の趣向についてもいえ、従来の趣向を彼が利用するにしても、その利用のしかたや、いくつかの趣向の組みあわせに、やはり彼独特なものがある。たとえば身代りの趣向にしても、森修氏が指摘しているように、鬼外のそれは非常にこみ入っている(「江戸浄瑠璃と紀上太郎」『嘉栗研究』所収)。これはやはり、いままでの趣向につけ加えられた新味である。朝比奈三郎義秀が、従来の強力無双とはうって代り、鎌倉一のやさ男に仕立てられたのも、随分思い切った趣向がえであり、むしろ鬼外の洒落ないし悪ふざけさえ感ぜしめる。彼の戯作・狂文をみても、つとめて古い趣向をさけ、「当(り)そふな趣向」(『根南志具佐』前編)をねらっているところがあるように、浄瑠璃にも同じ心がけが働いていたとみなければなるまい。そのような新しい趣向の一つとして、むしろ彼独特なものにつぎのような

本草・物産趣味

ものがある。すなわち本草・物産学的なそれで、たとえば白紙の密書をわたし、それを水にひたせば文字があらわれる。縛られた縄を栢(かしわ)の柱にこすりつけ、火を出して縄を焼き切る。鴆(ちん)毒で人を殺す。水銀を使って相手の声を封ずる、等々である。

文辞のうえでも、鬼外でなければ用い得ないような語、または彼独特の文章表現に出会って思わずはっとすることがしばしばある。これは彼がもともと文才ある作家であり、戯作・狂文のうえできたえた、いわゆる「平賀ぶり」の文章力が発揮されたからであろう。

また鬼外の浄瑠璃には、本草・物産学ないしは医学用語がかなり使われている。胆礬(たんぱん)・班猫(はんみょう)・砒霜(ひそう)・地黄煎(じおうせん)・五倍子(ふし)などがこれであるが、ほかにやまとことばでやさしく書けばよいのに、たんぽぽを蒲公英、さざんかを海紅、はぎを胡枝、おみなえしを敗醬乱などという風にむずかしい漢字をあてる。そして大根畑をわざわざ「蘿蔔圃」とかいたりするが、ここまでくれば一種の悪趣味というほかはない。『神霊矢口渡』では、

「琥珀の塵や慈石の針」

琥珀の塵や慈石の針、粋も不粋も一様に、迷ふが上の迷ひなり。

としているが、これを南畝は、「例の物類品隲(ひんしつ)の余習いまだぬけず、旧癖のおこりたる」

（『奴凧』）ものと評した。

ところで彼の本草・物産学は、オランダ博物学の知識を少しでも取り入れようとし、そのうえ当時の風潮が、舶来のものなら何でも珍重したから、鬼外の浄瑠璃にも「硝子（びいどろ）の壺皿」（『嫩榕葉相生源氏』）が、博奕（ばくち）の小道具としてとりあげられ、

阿蘭陀人の夜這（よばい）に行く様な形（なり）りじや（『源氏大草紙』）

といった表現もみられる。また親友の蘭方医杉田玄白にも一役買わし、「玄白老を頼んで、おらんだ流の膏薬を付てもらふて下され」（『荒御霊新田神徳』）としたりする。古風な時代物浄瑠璃に、この種のオランダ趣味ないし現代感覚をもちこんだところに、よきにつけ悪しきにつけ彼独特のものがあろう。

オランダ趣味

三　江戸浄瑠璃

江戸者へのサービス

鬼外の浄瑠璃は、題材を江戸またはその近郊に求めたものが多い。これは江戸者の意を迎えるためであるが、そのことで多少の無理もおこる。たとえば『忠臣伊呂波実記』では、由良之助の遊蕩（ゆうとう）の場所を大磯にしているが、これは忠臣蔵の常識をやぶるもので

ある。また神田明神・浅草観音・新田明神などが好んでとりあげられたのも、やはり江戸者へのサービスといってよい。たとえば『矢口渡』では、江戸近郊の流行神新田明神が題材になっているばかりでなく、その筋立てそのものが、もともと新田びいきの江戸者に気にいられるように仕組まれている。同様に江戸で評判の美人「笠森おせん」や「銀杏（いちょう）のお藤」をしばしば引合いに出し、吉原の描写をくどいほどくり返し、また歌舞伎の舞台を操（あやつ）り化してとりいれているのも、やはり江戸者の喝采をあてこんでのことであろう。

江戸方言・吉原の廓言葉をさしはさむ

そういう彼であるから江戸方言・吉原の廓言葉などを、その浄瑠璃の登場人物にしばしば用いさせる。いうまでもなく浄瑠璃——特に義太夫節は、上方で発達したものであるから上方風の言葉をつかう。もっとも上方風といっても登場人物は武士や公家であって、観客である庶民とは異なる階層であるから、言葉もおのずから別種のものとなっている。そこのところは鬼外もよく心得、このしきたりに従っているが、そのうえで彼は要所々々に江戸言葉や吉原の廓言葉をことさらにさしはさむ。そして『神霊矢口渡』では、京九条の遊女屋井筒での新田義岑遊興の場に江戸兵衛というあだ名の、江戸からの

江戸兵衛

ぼって来たばかりの芸者を登場させ、彼女に向って義岑が「京の詞はなまけて悪い。ならふなら太夫(たゆう)なども、江戸の詞にしてほしい」という。この語をうけて太夫は、江戸兵衛に江戸弁をならい、それを早速しゃべってみせるという一条があるが、江戸言葉を上方言葉に対比させ、前者に花をもたせた所がみそである。そして太夫のしゃべった江戸言葉なるものが、実は吉原の廓言葉であったのである。

流行語・地口の取り入れ

また当時の江戸では、特別な流行語や、地口(じぐち)がはやった。「おちゃっぴい」「とちめんぼう」「きん〱たる者」「とんだ茶釜が薬鑵(やかん)じゃ」「道理でかぼちゃが唐なす」等々がこれであるが、鬼外の浄瑠璃では、これらがわずらわしいまでに多用されている。

こうして彼の作品は、黒木勘蔵氏の評するように、「江戸作者の手によって、所謂(いわゆる)江戸前の呼吸で綴られた」(『浄瑠璃史』)ものとなった。そこに江戸者にうける秘密があったが、半面において表現がやや大げさとなり、特に修羅場においてそれが甚だしく、いわゆる金平(きんぴら)風な荒事の趣をみせることになる。

恋慕と茶利の場面が多い

のみならず鬼外の浄瑠璃は、全体的にいってつぎのような特徴をもつ。その第一は恋慕と茶利(ちゃり)の場面が多いことである。ゆらい上方浄瑠璃においては、近石氏もいうように恋慕・茶利ともにだいたい定められた位置に趣向されるのが普通であるが、鬼外にあっては、それが興の赴くままにどこにでも自由におかれ、しかも時には大場にかかれている（『操浄瑠璃の研究』）。たとえば茶利場は、上方浄瑠璃では四段目口か中が定位置であるが、鬼外の場合は『源氏大草紙』を例にとると一の中、一の切、二の切、三の口、三の中、四の切という風にほとんどどこにでもばらまかれている（同上）。恋慕場についても、ほぼ同じことがいえるが、彼の恋慕場は、そのうえに歌舞伎でいえばぬれ場的な肉欲のにおいのするものが多い。たとえば、

今の訛しいお返事で、腰から仏に成る様で、御本尊の不動尊から火焔が立つて、堪忍ならぬ。サアく寝間へ。（『源氏大草紙』）

といった調子である、重友毅氏は多分こうした点に注目されたとみえ、鬼外の浄瑠璃は、全体にきわめて野卑なものが底流し、「作品として品位のない」（『日本近世文学史』）ものになり下っているといると評された。浄瑠璃のような大衆演劇が、卑俗にわたることがあるのはやむをえないといえるが、しかし鬼外の場合は、その程度がはなはだしすぎるのである。

要するに彼は、茶利場的滑稽と恋慕場的官能が得意であった。すでに彼の戯作・狂文

猥本

「不稽無上」にかきなぐる

『長枕褥合戦』（顕彰会蔵）

においても、おどけと色とのからまりのなかで、筋をはこび趣向もこらしたが、同じことを浄瑠璃の世界でもし、そこで彼は思いきり破目をはずし、時には悪ふざけにふざけている。そしてこの態度がきわまって、浄瑠璃がかりの猥本『長枕(ながまくら)褥合戦(しとねがっせん)』や、猥本まがいの茶利浄瑠璃『道行虱(みちゆきしらみ)の妹背(いもせ)筋(すじ)』を、彼はかくことになったのであろう。

第二に鬼外の浄瑠璃は、行文流麗、悪くいえば口達者である。いったい彼は、苦心してひねり出すといった類の作者ではなく、筆にまかせて「不稽無上(メッタ)」（『神霊矢口渡』跋）にかきなぐる、よくいえば渾々(こんこん)として尽きることなき想の持主、悪くいえば口から出まかせの趣があった。文章が達者であるうえに気転もきいていたらしいことは、南畝の伝えるつぎの挿話によってもよくわかる。すなわち矢口渡の四段目口、渡守頓兵衛館（やかた）のくだりを平秩（へずつ）東作が読んでみて、義岑・台（うてな）とも今の六郷通りを来れば、矢口の渡にかからぬはずと難じたところ、鬼外は直ちに筆をとって、「六郷は近き世よりの渡（わたし）にて、其水上は弓と絃、矢口の渡にさしかゝり」と書き改めた。これには東作もほとほと感心したと（『奴凧』）。鬼外自身も文章には自信をもち、たとえば『矢口渡』の、「忠臣義士のためなみだ、天に通ぜばあまの川、つゝみもきれて流るらん」という文句を自讃してやまなかったという（同上）。自信を持つのは悪いことではないが、時には筆委せ、口委せの、ただのおしゃべりに堕することもある。

文章には自信をもつ

ただのおしゃべり

たとえば『忠臣伊呂波実記』で、呉服屋の平野屋清兵衛が、

　これおゑ様、お前の様なト一（トチ）の代物は、シ（サンズイ）にも丅（シユモク）にも、土（ドヘン）の女形（おやま）にもすつきりと□印（カク）。

として、「ト一（トチ）」とは上ということ、「シ（サンズイ）」は深川、「丅（シユモク）」は吉原の替詞、「土（ドヘン）」は堺町、「□印（カク）」はないということなどといちいち講釈しているが、これなどは本筋と何の

関係もない、ただのおしゃべりにすぎない。

洒落本的な味

第三に鬼外の浄瑠璃は、滑稽本・洒落本の趣もある。すなわち当時の江戸においては、これらの江戸特有の文学が栄えていたのであるが、鬼外の浄瑠璃に茶利場が多いということも、このことと無関係ではない。特に洒落本についていえば、それは遊里人種の会話と風俗とを写実的に描き、通（つう）や野暮の論をもっともらしく展開するのであるが、廓場の多い鬼外の浄瑠璃は、それゆえに洒落本の趣をもつものが少なくない。そのうえ、洒落本にくらべて社会的なひろがりをもち、非現実的な構想や趣向の中で、軽妙洒脱（しゃだつ）な笑いとうがちをこととする黄表紙についても、その気配らしきものがすでに感じられる。

黄表紙の気配

すなわち『源氏大草紙』で畠山重忠を通人に仕立て、三浦の海岸に鎌倉中の大名を招いて舟涼みする趣向あたりがこれにあたろう。周知のように黄表紙は、安永四年（一七七五）刊の『金々先生栄花夢』にはじまるとされるから、鬼外の場合は、それが生れるような気風を早くも察知していたということになるのであろうか。

四 「戯作」――勧懲の具

それにしても浄瑠璃は、鬼外にとって「戯作」であり、「てんごう」書きであった。にもかかわらず晩年十年ほど、これを筆にしてやまなかったのは、彼の創作衝動もさりながら、主としてそれから得る収入を生活費の補助にあてるという意味があったからである。このことは明和八年（一七七一）桃源にあてた書簡のなかで、自分が浄瑠璃をかくのは、「止むを得ざるの謀」であり、それから得る収入によって、「毎々……助けられ」ているると語っていることによって明らかであろう。

「止むを得ざるの謀」

ところで浄瑠璃を書くことによって、本屋から得る五両や七両の金は大したことではないようにみえるが、晩年の彼は生活に困っていたので、この程度のものでもたしかに有難かった。そして安永五年（一七七六）の末から翌六年にかけての、彼の懐具合が比較的よかったころ——エレキテルの復原に成功して、見物客を集め、病人の治療もして謝礼をとっていたころは、生活にこまらないので浄瑠璃執筆を中休みした形跡がある。

小遣い儲け

こうして浄瑠璃は、鬼外にとって小遣いもうけの手だてであるという意味が強かったから、どうしても観客を意識し、筋立てや趣向なども江戸者の気に入るように仕組むことになる。観客の人気を失えば、劇場側や本屋が彼に依頼してこなくなるからである。

大衆道徳との妥協

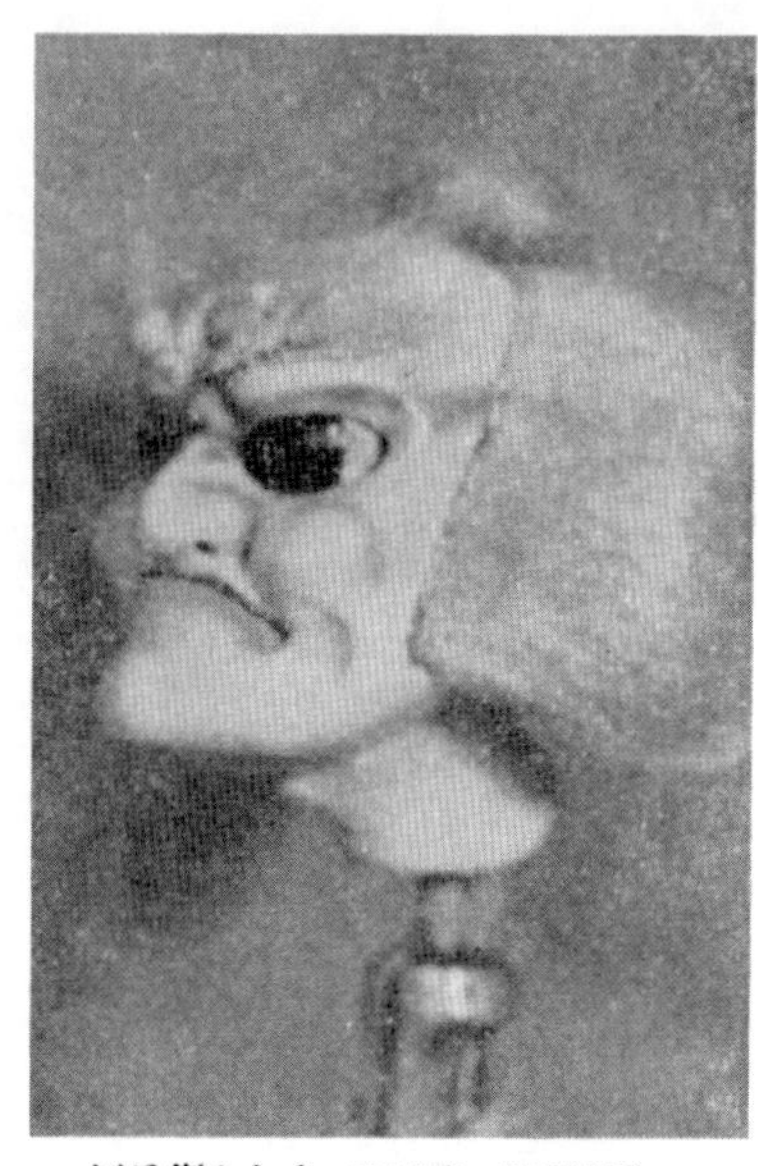

頓兵衛かしら（斎藤清二郎氏撮影）

のみならず浄瑠璃は、もともと大衆演劇であるから、大衆ないし大衆道徳と妥協しなくてはならない。彼の全作品を通じて、

忠孝は車の両輪、親に孝なき者は、必ず君に忠なき本文。（『忠臣伊呂波実記』）

夫に随ふは女の道。（『霊験宮戸川』）

といった、武士道ないし封建道徳が強調され、「花は御芳野、人は武士」という諺が愛用されるのもこのためである。

頓兵衛は悪人

また大衆道徳では、不道徳はけっきょく容認されないから、人間悪を描いても、それに徹底することはしない。鬼外の浄瑠璃もだいたいそうであるが、ただ処女作の『神霊矢口渡』の渡守頓兵衛だけは、徹底した悪人として描かれているという批評がある。これは素人の処女作だからそうなったと考えるべきで、手馴れてくると、この種の定石外れのことは絶対にしなくなる。

保守的・現状肯定的

要するに彼の作品は、浄瑠璃という大衆演劇の枠に形式・内容ともにはいりこんでいて、これを一歩も出ていないといえる。大衆演劇は大衆道徳と妥協するから、浄瑠璃における彼の意識は、概していえば保守的であり、現状肯定的なものでしかなかった。

「欝懐を吐く」

それにもかかわらず現実の彼は、高松藩の仕官お構いによって、武家社会から完全にしめだしを食っていた。そのために、彼が絶大な自信をもつ自己の智恵を存分にふるうこともできず、一民間学者として、困難の多い生涯を送らねばならない。そこに積る不平・不満もあり、また一方では、浪人として社会に対し責任のない気楽さもあったから、自己の欝積した不平・不満や、あるいはアウトサイダー的気楽さを「戯作」によって吐き出したともいえる。もっとも不平・不満の吐露は、浄瑠璃においてはそれほどめだたないが、それでもなお、社会の不条理や欠陥について、「うがつ」姿勢もみえ、皮肉・諷刺の趣もないわけではない。

人は武士、なぜ傾城にいやがられ、という附合の通りじやナ。（『源氏大草紙』）

出家・侍・犬畜生、借た物せつかれると、踏まれたり、叩かれたりが術(ズツ)なふては、

ナカく侍といふ商売が一日も成る物かい。(上同)

しかしこれらも、武士階級や封建重圧に対する反抗ないし批判といった大そうなものではなく、世態・人情に対するうがちと、自己の不平・不満の爆発、さらに浪人生活の自由さの強調が、たまたま武士や封建制に対する皮肉・諷刺の外観を呈したにすぎないと考えられよう。

遊び・戯れ

とにかく福内鬼外というふざけた筆名がよく示すように、浄瑠璃はしょせん彼の遊びであり、戯れであった。学者・インテリが余技をきそい、それによって自己の才芸を世間に認めさせようとする風潮が当時あったが、鬼外もいつの間にか、この風潮に染まってしまっていたのである。

弄文

こうして彼は「盲(メクラ)……蛇に畏(ヲジ)」ずして、作者仲間に入り、「不稽(メッタ)無上の筆委せ」(いずれも『神霊矢口渡』跋)といわれるような弄文を試みながら、自信家の彼のことだから、「又かゝる中にもおのづから孝悌忠信の意備はれるハ、我筆力の妙」(『長枕褥合戦』後序)といいもした。すなわち『褥(しとね)合戦』のような猥雑なものでも、その中に人倫の教化に役立つようなものが、おのずから備わっているとするのである。

勧善懲悪

以上のようにして彼は、「作者は近松」（『金の生木』）といっているように、浄瑠璃においては究極的に門左衛門を手本とした。そして門左衛門の「本心」は、「勧善懲悪世を教類（ヲシユ）の一助たる事」（『荒御霊新田神徳』後序）にあるという。これは、同時に鬼外の浄瑠璃観でもあろうが、それは根本において、世を滑稽の間にさけ、「浮世の穴をいひ尽し」、しかも「随分に人を戒」（いずれも『風流志道軒伝』）めるにあるという、彼の戯作・狂文における態度、わけても談義本における彼の姿勢と、根本においては異なるものではなかったのである。

第八　晩　年

一　「功ならず名ばかり遂て」

鉄山事業を炭焼事業に切りかえても、源内は鉱山師としての活動をやめようとしなかった。以前から鉱山・精錬のことで関係のあった秋田藩佐竹侯や仙台藩伊達侯とのつながりも依然続いていたし、また出羽新庄藩戸沢侯からは、安永五年（一七七六）領内の産銅より銀を絞るための試験的精錬を依頼してきた。そして同領に対し源内は、いずれ専門の職人を派遣するつもりであると平賀輝子氏蔵書簡の中でいっている。同じ書簡で彼は、秋田・仙台両藩との掛合もうまくいっていると書いたが、同年中に出された他の書簡では、「近年秋田・仙台其外大名方御用に掛り候所、諸屋敷貧乏故、約束の金子渡り申さず、夫れ故是迄勘定違に相成り候」（松浦正一氏蔵書簡断片）とこぼしている。やはり出るべき金が出なくなっているのである。

「約束の金子渡り申さず」

謝礼金

このころの源内はまた、鉄山事業による赤字のあと始末に苦しんでいたと思われるが、幸いに安永五年の春以来売り出した菅原櫛が予想外の売れゆきを示し、炭焼・荒川通船事業も同年中は順調であった。そのうえ、同じ年の十一月になるとエレキテルの修理・復原にも成功し、その評判が高くなって、大名などの高級武士や富豪が盛んに見物に来たり、治療をうけに来る。それらから得る謝礼金も相当な額にのぼったので、翌六年の春あたりから、彼の家計も急にもち直し、改めて「新宅普請」(宮脇又右衛門あて書簡)するほどの勢となった。

エレキテル、偽造される

しかしこのような状況は、さして長くは続かなかった。すなわち安永七年(一七七八)には、彼のもとで下細工に従事していた弥七がよからぬ人物と手をむすび、源内の名をかたってエレキテル製造の資金と称し、屋敷筋から金子をむさぼる。弥七のつくり出したエレキテルは、けっきょく火花の出ない失敗作であったが、とにかくこのころから、それはもはや源内の独占物ではなくなった。のみならず源内のエレキテルも、一通り知れわたってしまうと物珍しさがなくなり、饗応や余興まで添えてサービスにこれつとめても、見物・治療客がそれほど集まらなくなり、彼の経済状況も目にみえて悪化してきた。

源内山師説

自省の句

そのような有様の中で、エレキテル偽造のため源内に訴えられた弥七が獄中で死んだ。世間ではそれをとやかくいうものもあり、そのうえ源内は、エレキテルを抜目なく宣伝して金もうけにつとめながら、それから「火の出る道理」を説くにあたっては、いま一つ明瞭さを欠くものがあったから、従来からあった源内山師説がにわかに声高にうわさされるようになる。そしてここでいう山師が、鉱山師・炭山師などの意味ではなく、「他を欺いて利徳をはかる」（『広辞苑』）詐欺師の謂であるこというまでもない。このうわさに対し、源内ははなはだ神経をとがらし、ついつい「肝積」をおこすが、同時に少しは自省心も持つようになったとみえ、すでに安永六年、彼の五十歳の歳末には、自らわが身をかえりみて、

　功ならず名ばかり遂て年暮ぬ

という一吟を残している。

翌々安永八年は、彼にとって運命の年である。すでに前年の後半あたりから、することなすことがインチキくさくなり、たとえば信州善光寺阿弥陀如来の開帳が本所回向院であった時、烏亭焉馬にたのまれて工夫をこらし、黒牛の背中に六字の名号をあらわし、そ

狂文でお茶をにごす

「凶宅」に引越す

れを見せ物に出す。焉馬は大もうけをしたというが、これなど山師くさい入れ智恵というべきである。同じように戯作・狂文の面でも、七年後半あたりから狂文が多くなり、八月『菩提樹之弁』、九月『飛だ噂の評』、翌八年二月『金の生木』へと接続して行くが、いずれも短編である。このころの彼は、かつてのやや長編の小説類のような、筋立てや趣向に工夫を要するものは、もはや書かなくなった。そしてやっつけ仕事ともいえる狂文で、お茶をにごしているのである。同じように浄瑠璃においても、七年後半から八年初めにかけて執筆したと思われる『荒御霊新田神徳』は、他人との合作である。彼の浄瑠璃作品九編中合作はこれのみであるから、そこにも彼の息切れが感じられるであろう。作のできばえはまずくないが、『神霊矢口渡』の二番せんじの感を如何ともしがたい。

さて源内は、たびたび住居をかえているが、安永八年夏には、神田のさる検校の旧宅を買った。『弘采録』の「平賀源内の小伝」によれば、それは神田橋本町（折込み地図参照）の行き当りにあり、もと金貸を業とする浪人が住んでいたが、何かの子細があって、その浪人はこの家で切腹した。そのあとへ、神山検校という、これも金貸業の盲人が入っていたが、不正な利を得ていたことがばれ、その身は追放となり、その子は井戸におちて死ん

中良とのいさかい

だ。こんないわくつきの家だったから、大きい割に値段は安かったので、源内も買いとることができたという。この橋本町のゆき当りは、木村默老の『戯作者考補遺』によると馬喰町(折込み地図参照)となっており、話の筋も、盲人の検校が刑死し、その亡霊が毎晩この家にあらわれて、ここにおいた金がみえないといってさがすという噂がたったため、家の売値もはなはだ安くなったとなっている。それにしてもこのような縁起の悪い家に、源内があえて引越したところに彼の向意気の強さが感じとれるが、それは同時に心の荒れにも通じるものではなかろうか。

また「凶宅」引越しとほぼ同じころ、肥前座で彼の弟子森島中良＝森羅万象の『驪山比翼塚』が上演された。これにからんで、源内と万象との間に一悶着が起こる。それも源内の作が不評判なのに、万象の『比翼塚』が大当りであったのを、彼がやっかんだからであるといわれている(『弘采録』および『翁左備抜書』中の源内伝)。万象は愛弟子であったはずであるから、これもただ事ではない。同じようにただ事でないのは、つぎの挿話である。それは彼の死の一―二ヵ月前に得意になって描いた絵のことであるが、図柄は岩の上から一人の男が小便をし、その小便を下にいる人間が頭にうけて有難がっている、というのである。やは

「顛狂の萠」

り「画意」不明の、「顛狂の萠（てんきょうきざし）」としか考えようのないものであった（『鳩渓遺事』）。そういう精神的状況や生活のすさび、さては経済的窮迫につけこんで、源内のもとにはいかがわしい人物が渭集（いしゅう）するようになった。もっとも以前からいろんな種類の、善悪とりまぜた人物が集まってはいたが、このころから性質のよくないものが、急にめだちはじめる。そしてそれらの人物との間におこったもめごとが、ついに人を殺傷する事件にまで発展し、けっきょく彼の寿命をちぢめることになるのである。

二　人を殺傷する

『聞まゝの記』の説

源内の人を殺傷した事件を最も詳しく伝えるのは、木村黙老の『聞まゝの記』である。それによると、さる大名が別荘や泉水をととのえようとし、関係役人の手を経て、ある町人に請負わすことになった。役人や町人のいうには、計画通りに工事をおこなえば莫大な費用がかかると。そこで大名は、念のため源内に見積らせるが、彼は仕様書をみて、自分に委すなら、この十分の二－三で仕上げてみせるという。工事はこのため源内の手に移りそうになり、彼と役人・町人の三者の間に紛争がおこる。しかし仲にはいる人が

盗まれたと思いこむ

あり、けっきょく源内・町人が共同で請負うことになって話が落着し、和解のしるしに源内宅に役人を加えた三人が集まって、酒宴を張ることになる。その席で町人は、源内のいちじるしく安い見積に不審をたて、どうしてそのように安くできるのか聞かせてほしいという。これに対し源内も、仲直りしている今はかくすべきではないと思い、自分のたてた設計・見積の書類を取り出して、一々詳しく説明した。それがみな理にあたっているので、町人はすっかり感心してしまう。酒宴の方は一向に終らず、役人はついにしびれをきらして帰ってしまう。源内と町人は、けっきょく飲みあかすが、さすがに源内も泥酔して、うとうととまどろむ。暁近くなってふとめざめ、あたりを見廻すと、その町人がいるばかりで、例の書類がない。さては町人が盗んだに違いないと思いこみ、ゆりおこして責めたてるが、町人は知らぬ存ぜぬの一点ばりである。さらに執拗に責めたてると、知らぬといったら知らぬといいすて、言葉のはずみで、「若又盗隠す程の者ならば、聞たり共可ㇾ云哉。よし又誠に盗ならば何とかする」と食ってかかる。源内は、その時はこうしてやるといいざま、傍の刀を取り、抜打に切ってかかる。町人は表にのがれ出、源内は一たんあとを追うが、諦めてたちもどり、つくづく思うには、かの町人

自殺を企てる

は深手の身であるから、いずれは死ぬであろう。死んでしまえば盗みをしたという証拠もないから、自分は人殺しの罪をのがれることが出来ぬ。刑にあうより自殺した方がましだと思い定め、死後のことなど考えて見苦しくないよう跡かたづけにとりかかる。その途中で、さきに盗まれたと思った書類が、みな手箱の中から出てきた。さては自分の思いちがいであったかとくやしがるが、あとのまつり、責任を取る気で切腹にかかる。そこへ門人その他が大勢出合い、とめだてしているうちに関係の役人たちがやってきて、源内はついに揚屋（あがりや）入りとなったという。安永八年（一七七九）十一月二十一日のことである。

江戸の「街談巷説」

黙老は源内が牢死したとき、わずか六歳の少年であった。同じようにその時十三歳であった滝沢馬琴も、その著『近世物之本江戸作者部類』のなかで、高松藩の家老「牟礼黙老」の言として、『聞まゝの記』の前述の内容とほぼ同じことを伝えるとともに、その末尾に、当時の江戸で流布されていた「街談巷説」を紹介した。それによると、

> 平賀源内は親しき友と雖ども、著述の稿本を見る事を許さず。然るにいぬる日、常に源内許（がり）したしく交る米あき人の子某、源内が他へ出たる折に来りて、其かへるを待ほどに、机上に置たるを心ともなく開きつゝ、時うつるまで閲せし折、源内家に

帰り来て、其稿本を恣に閲せしを怒り咎めて、うちわぶれども聞かず、矢庭に刀を抜き閃かして……（巻二）

とする。大田南畝も、源内は「病狂喪心して人を殺し、（米屋の子なりといふ）」（『一話一言』）としているから、やはり馬琴のいう「街談巷説」系統のうわさを信じていたのであろう。

いろいろないい伝え

このほかにもいろいろな言い伝えがあったらしいが、すでにのべたうわさを含めて、それらはだいたい源内の郷里で流布されていたものと、江戸でひろまっていたものの二種類にわけることができよう。『聞まゝの記』の記述は、もとより前者の系統に属する。

それにしても、現場をみたものは誰もいないから、以上のうわさもどの程度まで真実を伝えているか、大いに疑わしい。たとえば『聞まゝの記』の記述をとりあげてみても、源内は泥酔して重大な勘違いをすることになっているが、彼は自身「お酒は下戸」（立田玄道宛書簡）といっているし、南畝もそれを保証している（『温知叢書』本『平賀鳩渓実記』書入）。その点と多少は矛盾するのではなかろうか。

以上の間にあって、『文鳳堂雑纂』所収の『平賀実記』上巻末尾にかき添えられた斎藤月岑（一八〇四—七八）の注記は、かなり信頼できるものであろう。それによると、

「平右衛門町村田氏書留」

平右衛門町村田氏書留、安永八亥年十一月廿日夜、神田久右衛門町壱町目代地半兵衛店讃州浪人平賀源内と申者方へ、冨松町蔵地孫右衛門店文左衛門忰久五郎と申者、并佐久間町松本重郎兵衛殿中間丈右衛門と申者両人止宿致居候処、翌廿一日暁子細不レ知及二口論一、右源内刀を抜、両人へ手疵為レ負候ニ付、其段曲淵甲斐守様へ御訴申上、検使之上、右源内入牢被二仰付一……

「代地録」の写

という。これは水谷弓彦氏著『平賀源内』所引の「神田久左衛門町の代地録の写」と大同小異であるが、「代地録写」では手疵を負わせた様子をやや詳しく述べ、

丈右衛門は右手の拇指を斬られて裏へ逃れ出で、久五郎は頭の頂天に一刀をあびせられて表に逃出せしが、源内なほも追かけ……

となっている。そして両人のうち久五郎は、この疵がもとで死亡したこと、以上につづく記述で明らかとなる。

さて久五郎は、秋田屋という米屋の息子で、源内の門人であったという。松本重郎兵衛とは、当時の勘定奉行伊豆守秀持のこと、その中間丈右衛門は、津村正恭の『譚海』（寛政七年一七九五自跋）によると、秀持の用人で源内とは「無二の知友」であったという。してみる

発作的に人を殺傷する

と源内は、彼に最も親しい人物を、二人まで殺傷したことになる。

二人を殺傷したか、一人を殺したかは明らかでないが、とにかく源内は、発作的に人に切りつけて、死にいたらしめた。『御定書』には、乱心して人を傷つけた場合の罪について、別に規定はない。しかしその人を死にいたらしめた時は、処罰されることになっている。この時代の刑法は、結果に重きをおいたので、たとえ乱心して人を殺しても、そこに何らの斟酌も加えられなかった（石井良助『第四 江戸時代漫筆』）。源内もこうして下手人＝死刑相当の者とみなされ、小伝馬町（折込み地図参照）の牢屋につながれたのであった。

三　獄　死

「村田氏書留」によると、殺傷事件をおこしたのは、神田久右衛門町壱町目代地半兵衛店の源内居宅であったという。久右衛門町壱町目はもちろん半兵衛にかかるから、事件のおこったのはやはり橋本町（折込み地図参照）の行き当りにあった源内の居宅においてであろう。その居宅は彼の持家であるが、屋敷を半兵衛から借りていたので、その店子となっていたのであろうか。また同じ書留には「翌子年二月牢死、四月二日落着」としてあるが、

安永八年十二月十八日

没年齢

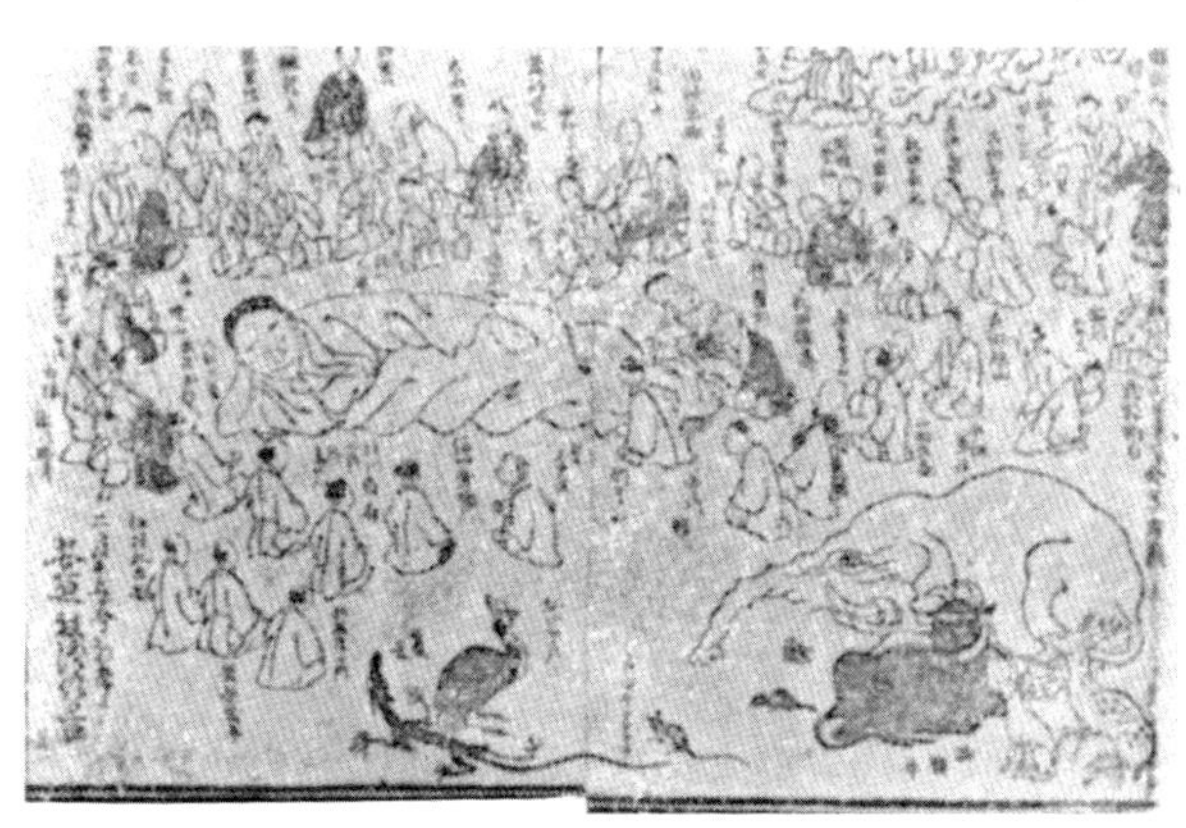

源内涅槃図（安原枝澄画，『闢幽編』口絵）

これはあやまりらしく、杉田玄白の「処士鳩溪墓碑銘」によると、彼は安永八年十二月十八日獄中で病死したといい、郷里志度の平賀家に伝える位牌・過去帳、および同家の菩提所自性院の源内墓碑刻文なども、みな没年月は「墓碑銘」と同様であるから、これに従うべきであろう。死因は『聞まゝの記』によれば、破傷風であったという。さらに源内の没年齢につき、いくつかの説がある。玄白の墓碑銘は五十一、前記平賀家位牌・過去帳・自性院墓碑刻文などは五十二、片山達（一八一六―八八）の『平賀源内伝』は四十八、とそれぞれしている。片山説は、平賀家蔵の自性院寺請証文写に、宝暦十四年（一七六四）の源内の年齢を三十三歳としているのによったものであるが、『平賀鳩溪翁略伝』にもいうように、寺請証文のたぐいは毎年々々転写し、調査の年が改まっても年齢などはそのままにしておくこともあるので必ずしも信用できないであろう。五十二歳説は、志度の平賀家をはじめとして、源内に最も近い人々がそう信じているのであるから、一番確かなように思われる。またこの説は、黙老の『聞まゝの記』上欄書入れの伝える、源内の辞職願聴許の辞令に、宝暦十一年の彼の年齢を三十四歳としているのとも、一致する。

総泉寺に葬る

さて源内が獄中で死ぬと、その「屍を従弟某に賜ふ」とは、南畝の言である（『一話一言』）。この従弟とは、妹婿権太夫のこと、彼は源内にとって従弟でもあった。玄白の「処士鳩溪墓碑銘」によると、源内は罪人であるから幕府は死骸を下げ渡さない。そこでやむなく衣類や履物を乞い受け、浅草総泉寺に葬ったという。しかし「墓碑銘」のいうところは、世間体をつくろったものであったらしく、昭和三年（一九二八）の総泉寺源内墓所修築の際、礎石下の土中より、彼の遺骨と推定するよりほかはない骨壺が発見された。

総泉寺は、千賀道有の菩提所であった。源内がこの寺に葬られるについては、生前から関係もできていたのであろうが、やはり『過眼録』や『五月雨草紙』の伝えるように、道有の斡旋によるところが大きかったであろう。

本町の薬屋池永道雲がこの寺に葬ったという説もある。

墓表は玄白が私財を投じて建てた。「智見霊雄居士」と刻し、源内の家紋梅鉢を付してあったという（南畝『一話一言』）。鈴木恭（一七六七―？）も、それを実際に見て、

橋場総泉寺本堂左の方井戸の側に平賀源内の墓あり。……碑面に平賀源内墓と題し、下に知見霊雄居士と書し、安永八年己亥十二月十八日とあり。（『鳩渓遺事』）

としている。これは総泉寺跡（台東区橋場二丁目二十一番）に現在ある、彼の墓表と全く一致すると考えてよいであろう。

ただし現在の墓表上段の「平賀源内墓」の部分は石の質が違う。それは明治になって造りかえられたものであることは田島象二の『近世奇才平賀源内実記』によって明らかである。もっともその際寸法などはもとにならったものと思わ

源内の墓（東京都，総泉寺あと）

れる。

玄白はまた、「処士鳩渓墓碑銘」を撰した。いま黙老の『戯作者考補遺』によって、それを示せばつぎのとおりである。

「処士鳩渓墓碑銘」

処士平賀君。諱ハ国倫、字ハ子彝(しい)、鳩渓ト号シ、風来山人ト称ス。信州源心ノ後ナリ。先世難ヲ避ケ、讃州ニ徙(うつ)リ、志度ニ家ス。君人トナリ磊落不羈(らいらくふき)、少(わか)クシテ才弁アリ。気ヲ尚(たうと)ビ剛傲(ごうごう)、書ヲ読ムニ章句ヲ事トセズ。高松侯挙ゲテ小吏ト為ス。嘆ジテ曰ク、丈夫ノ世ニ処スル、当(まさ)ニ国家ヲ益スベク、安(いずく)ンゾ能ク郷里ニ黙センヤト。何(いくばく)モナクシテ、辞シテ四方ニ遊ブ。力ヲ産物ニ窮メ、理ヲ山川ニ竭(つく)シ、兼ネテ技術ニ精(くわ)シ。諸侯ニ対スレバ則チ説クニ国ヲ利スルコトヲ以テシ、庶人ニ対スレバ則チ説クニ身ヲ利スルコトヲ以テス。故

源内の墓（香川県，自性院）

ニ海内賢愚ト無ク悉ク其名ヲ知ル。諸侯或ハ之ヲ辟（め）セドモ、皆辞シテ就カズ。曰ク、人生適意（てきい）ヲ貴ブ。何ゾマタ五斗米（ごとべい）ノ為ニ腰ヲ折ランヤト。人或ハ妻ヲ娶ランコトヲ勧ムレバ、則チ曰ク、吾今四方ニ家ス、何ゾ更ニ之ガ累ヲ求メント。終（つい）ニ娶ラズ。君恒ニ客ヲ好ミ、客至ラバ則チ必ズ之ヲ留メ、為ニ酒饌ヲ設ケ、日以テ夜ニ継ギ、未ダ嘗テ厭倦（えんけん）セズ。君モト恒産無シ。之ヲ以テ嚢中シバシバ空シ。シカモ晏然（あんぜん）トシテ省ミズ。君著ハス所ノ書、物類品隲（ひんしつ）五巻アリ、世ニ行ハル。其ノ余我方未ダ知ラザル所ノ薬物及ビ火浣布（かかんぷ）類、自ラ発明スル者百有余種。旁ラ稗官（はいかん）小説ヲ好ミ、其撰文マタ若干巻有リ。安永己亥（きがい）、狂病シテ人ヲ殺シ、獄ニ下ル。十二月十八日疾（や）ミテ獄中ニ死ス。時ニ五十一ナリ。官法尸（しかばね）ヲ取ルヲ聴（ゆる）サズ。其ノ諸姪（しょてつ）相謀リテ、君ガ衣服履（り）ヲ歛（おさ）メ、以テ浅草ノ郷総泉寺ニ葬リ、石ヲ建ツ。余ハ君ト故旧ナルヲ以テ、余ニ之ニ銘センコトヲ請フ。銘シテ曰ク。

嗟（ああ）非常ノ人　非常ノ事ヲ好ミ
行ヒ是レ非常　何ゾ非常ノ死ナル

鷧斎（いさい）　杉田翼撰

非常ノ人

墓表と墓碑銘との関係

ところで、さきにのべた玄白建立の墓表と、この墓碑銘との関係につき、水谷弓彦氏著『平賀源内』は、「杉田玄白……私財を以て墓表を建て、自ら碑銘を撰し、これに鐫出（せんしゅつ）。その文に曰く」として、「処士鳩溪墓碑銘」をあげている。すなわち、玄白建立の墓表に、同じく玄白撰の「墓碑銘」を刻んだとするのである。この見解は、その後多くの学者によって受け継がれ、『新撰洋学年表』や、それを訂正・増補したという『日本洋学編年史』にもとりいれられているが、周知のごとく玄白建立の墓表は、それほど大きくはなく、高さも礎石を含め一六四センチ弱である。そのうえ塔状の、一風かわった形のものであるから平面の部分が極めて少ない。このため墓碑銘のような長文のものが、この墓表に刻まれたとはとうてい思えないのである。

取りこわし説

さらに水谷氏は同じ『平賀源内』において、「然るに当時公（おおやけ）に罪人の墓を建るを許さゞる制規なりしかば、忽ち命下りてこれを取毀（こぼ）てり」としている。それがもし事実なら、『鳩溪遺事』の著者が寓目（ぐうもく）し、また現在も昔の面影を残して総泉寺あとにある墓表をどう考えたらよいか。『新撰洋学年表』では、「罪人なりとて其刻文も削り去らる」という風に表現をやわらげているが、事実そのようなことがあり得たかどうか疑いなきを得ない。

『亥丑録』

私の推測によれば、「処士鳩溪墓碑銘」は、総泉寺の墓表とは関係なく、別の目的のもとに撰せられたのではないかと思う。というのもこの墓碑銘は、少なくとも安永九年(一七八〇)末ごろにはまだ草稿の状態にあった。それは伊勢内宮の祠官荒木田尚賢の『亥丑録』中の一文「平賀源内碑」によって明らかである。そして翌天明元年、玄白が平賀権太夫にあてた書簡では、源内が生前愛した武蔵金沢の、その能見堂のあたりに彼を記念する碑をたてる計画を、玄白ら同志のものがたてていることを告げている。してみると「処士鳩溪墓碑銘」は、そのときの用意であったかも知れないのである。

建碑計画は実現しなかったか

金沢の建碑計画はしかし、実現しなかったらしい。墓碑銘がもしそのためのものであったとしたら、けっきょくそれはどこの石にも刻まれることなくして終ったことになる。

第九　風貌・性行および住居

一　中ぜいで、少し肥えた男

三つの画像

源内画像（木村黙老筆,『戯作者考補遺』所載）

源内の肖像画として、比較的信頼がおけるのは、つぎの三種である。

1　高松藩の木村黙老が、弘化二年（一八四五）に故老の説によって描き、その著『戯作者考補遺』に収めた、極彩色のもの。

2　『先哲像伝』著者自筆七冊本所収のもの。これは桂川月池老人が描いたといわれるものの模本である。月池の号は桂川甫周も用いたが、彼の弟甫粲（ほさん）＝森

『里のをだ巻評』中のさし絵

島中良は、みずから月池老人と称したから、『像伝』画像の原本の筆者も、やはり中良であろう（口絵参照）。

3　源内の戯著『里のをだ巻評』中のさし絵にみられるもの。この戯著の「麻布先生」は源内であろうから、さし絵中の同先生（中央の、机にもたれている人物）は、彼を写したものと考えてよい。

これらを比較・検討していえることは、やや長顔で、ほお骨高く、顎は張っている。額は広いとはいえず、眉間も同様である。鼻筋は通り、眼は細長く、かつ鋭い。黙老筆画像では口が小さく唇もうすいが、月池筆のそれは、かなり大口で、かつ受け唇である。また首や肩のあたりも、前者は

秩父のいい伝え

尋常であるが、後者はやや猪首、肩もいかっている。秩父地方に伝わる彼の容貌などについてのいい伝えでは、

イ　顔が長かった。

ロ　鼻が大きかった。

ハ　眼が細長く、左の眼の尻にホクロが二つあった。

ニ　肩がいかって、出尻の人であった。

ホ　左の顎に瓜の種のような、小さい痕(あと)があった。

ヘ　人差指が並の人より長かった。

ト　足袋は十文半であった。

等々となっている(入田整三編『平賀鳩渓翁略伝』)。……線の部分のように、現存の画像では見定めがたいものもあるが、その他の諸特徴は、さきの三画像とだいたいにおいて一致する。足袋は十文半であったというのも、当時としては大男の部類に入ろう。声は同じいい伝えによれば、「美音」(同上)であったという。

大田南畝と交渉のあった御家人鈴木桺の著『鳩溪遺事』には、源内の風采についての

人品よし

柴野栗山の評語をかきとめている。栗山は源内と同じく讃岐の、しかも志度浦とは隣りあわせの牟礼村の出身であり、かつては昌平黌において、ともに机をならべた仲である。その栗山が『遺事』によれば、友人立原翠軒に向い、源内はことさらに会うにあたいする男ではないが、ただ「其人品甚（だ）よきを見置べし」といって源内宅に案内したという。これによってもよくわかるように、源内は風采のよい男——男前もよく、押出しが堂々としていたようである。

もっとも彼は、背丈の方は中くらいであった。ただし体重はあった方で、『鳩溪遺事』にも、「中ぜいにして小（すこ）しく肥たる男也」としている。このうち肥満のことについては、晩年になるとそれがはなはだしくなったとみえ、安永六年（一七七七）のものと信じられる立田玄道あて書簡にも、駕（かご）人足を所望するにあたり、「私も重く御座候間達者なる人」がよいとし、さらに「私肥満、甚だ暑に苦しみ候」ともいって、太ったうえ夏バテに苦しんでいることを明らかにしている。この点、細面で体もややせ気味にみえる黙老筆画像は、真を伝えていないのではなかろうか。

二　性格・趣味・嗜好

豪傑

つぎに性格について親友桃源は、「豪傑にしてしかも風月の情あり」（源内の一周忌に際しての追悼文）といい、同じく親友の玄白は、「磊落不羈……気ヲ尚ビ剛傲、書ヲ読ムニ章句ヲ事トセズ」（「処士鳩渓墓碑銘」）となし、同郷・同学の久保泰亨は、「才気豪邁、行ヒ頗ル俠ニ類ス」（『物類品隲』跋）とする。彼らに従えば、源内は豪放濶達のうえ、気位が高く、俠気もあるというのである。

口不調法

しかし、これとむしろ矛盾・対立する評価もないわけではなく、喜多村香城（一八〇四―七六）の『五月雨草紙』には、彼の人となりについて、「沈黙にして、平生言語至て寡し」とした。同草紙は随筆であり、時代もだいぶくだるから、史料としては必ずしも信頼できぬであろうが、池田玄斎の『翁左備抜書』にも、源内は吃りというわけではないが、「舌に引付（く）ような重く結滞せる口不調法なる詞」を吐く男であるとする。同書は鳥海孝文の『翁左備』の抜萃であり、孝文は源内宅にしばしば足をはこんで仕事も手伝ったというから、『翁左備』での彼の証言はかなり信用すべきであろう。そしてもしそれを信じるとすれば、玄白の「少クシテ才弁有リ」とかなりくいちがってくる。吃りに近ければ、自然に口が重くなると考えざるを得ないからである。

神経質

『翁左備抜書』はまた、晩年の源内を「全癇性（もはらかんしょう）とみへたり」と評している。源内自らも「兎角古方家（こほうか）に下（くだ）させずば、此肝積（かんしゃく）はなほるまい」（『放屁論後編』）といってそれを認めるかのごとくであるから、神経質のうえに短気者であったのも事実であろう。要するに彼は、表面は豪放・快活らしくみえても、内心は案外小心者で、陰湿なところがあったのかも知れない。このことは、例の源内山師説が世間に広まったとき、それを大へん気にして、『虚実山師弁』という著述まで計画し、弁解または反論につとめようとしたことによっても想像されよう。

こうして彼には、相矛盾する二つの面があるように思われるが、しかし考えてみれば、これは誰にでも多かれ少なかれあることであり、源内の場合はそれがやや極端な形をとってあらわれているにすぎない。けっきょく彼は、明暗・躁鬱（そううつ）こもごもいたる性格の持主であり、ある場合は豪放濶達、俠気にも富んで社交性を発揮し、他の場合は神経質で度量もせまく、しばしば人と争ったことであろう。

移り気

そのうえ彼は、移り気であった。すなわち新奇なものをめまぐるしく追い求め、興の赴くままに何にでも手を出し、一つのことにいつまでもかかずらうことをしなかった。これを学問についてみても、彼は本草・物産学を本領としたのであろうが、それとの関連もあって医学もやれば、儒学・国学も学んだ。蘭学は本格的には学習しなかったが、しかし関心は人一倍強く、他人からは「専ら蛮学をなす」（『一話一言』）とみられたりした。そこで「其学和漢洋を兼」（辻善之助『田沼時代』）ぬといった、ややほめすぎ、あるいは買いかぶりの評価も出てくるほど、彼は博識であった。しかしそれらの学問のいずれをとりあげてみても深く沈潜した跡がなく、だいいち本領とする本草・物産学においても、その学問的成果のほどは、先人の業績を大きく凌ぐような種類のものではない。

以上によってもよくわかるように、源内はけっきょく、あれこれに心を散じて、精力を分散させてしまった。それは彼に移り気なところがあったからであるが、そのうえに彼は稀にみる自信家でもあったのである。すなわち自己の才気、その「智者」ぶりについて強い自負を持ち、たとえ冗談半分にせよ、日本の彼と中国の張子房・范蠡（はんれい）は、和漢古今の三大智者であるなどといってみたりする。そして民衆を頭から馬鹿にし、医者や薬屋のような、むしろ彼の同業者とみるべき人々に対してさえ、彼らはめくらで陳皮（ちんぴ）のことさえも知らぬとし、「習ひたくば教（へ）てやる」（『天狗髑髏鑒定縁起』跋）といい放つ。そして賢いのは自分だけ、といった態度を常にとって憚らないのである。

しかし彼とても、たまには自省心を持つこともあり、それに自己否定的な自虐の語をつらねることさえもあった。『放屁論後編』の、

> 此男何一ツ覚たる芸もなく、又無芸にもあらざれば、どちら足らずのちくらが洋、磯にもよらず、浪にもつかず、流れ渡りの瓢箪で、鯰の樺焼鰻鱺魚を欺き、見識は吉原の天水桶よりも高く、智恵は品川の雪隠よりも深しと、こけおどしの駄味噌を千人に一人は実かと聞込で……

自虐はポーズに過ぎぬ

のごときは、そのはなはだしいものであろう。しかしこの場合も、本当は自虐のポーズをとっているだけであり、それは中村幸彦氏も指摘しているように、「自虐の中に大あぐらをかいて太平楽をならべ」（『戯作論』）ているにすぎぬ。その点、かえって自己肯定のきわまったものというほかはない。

以上のように複雑で、しかも圭角の多い彼の性格は、つきあう相手に警戒心をおこさせることがしばしばあったらしい。たとえば彼に秋田藩封内の鉱山調査などを依嘱する

「信実ニ深切成ル所ハ如何」

にあたって、もっぱら折衝につとめた同藩の江戸邸詰の藩主御側勤太田伊太夫らも、源内のことを「成程気も強く、思慮遠大成ル所も有レ之者様ニ被レ存候へども……其人一体ニ信実ニ深切成ル所ハ如何可レ有レ之哉」（「大山・太田記連書」）と、一応疑いの目を向けている。要するに源内には人に信頼されないところがあり、それが原因の一つとなって、生涯不遇に終り、また世間から山師呼ばわりされたともいえる。しかしその点に彼は気づこうとせず、

　我も此当世をしらざるにあらねども、万人の盲より一人有眼の人を思ふて、仮にも追従軽薄をいはざれば、時にあはぬは持前なり。（『放屁論後編追加』）

といってみたりして、あいかわらず強気のほどを示し、かつはお高くとまっているのである。

もとは田舎もの

　その源内が、江戸の通人であることを以て自ら任じ、そのうえで文人としての面目を発揮する。ところで彼はみずから自覚しないでもなかったように、もともとは田舎もの――いわゆる四国の山猿にすぎない。それが花のお江戸の真中に迷い出てきた恰好であるから、どの程度まで江戸前の通人になりえたか、それが問題であろうが、しかし一方からいえば、田舎者なるが故にかえって江戸者になりきろうとし、またなりきったと信

じて、それをてらう面もあったにちがいない。

　こうして彼は、味噌の味噌臭きは上味噌ではない。同じように学者の「学者くさきは、さんぐのもの」（『風流志道軒伝』）と考えて、まず通人学者となった。文人学者といいかえてもよいかも知れぬ。そういう彼が俗文芸にまで手を出すにいたるのは、ごく自然ななりゆきであろう。趣味・嗜好のうえでも、たとえば食べものにうるさく、料理の通をふりまわしたらしい。

大酒家でなく愛酒家

酒は「大酔乱筆御用捨下さるべく候」（中島理兵衛らあて）などと記した書簡も残ってはいるが、本当は大酒家ではない。彼自らも「御酒は下戸」（玄道あて書簡）と告白しているし、またなべて通人の間では、「野暮の大酒」が忌まれたからである。しかし愛酒家ではあったらしく、から口の酒を好んで、好みにあった酒を伊丹のつくり酒屋に注文してつくらせていたという（『先哲叢談続編』）。それを恐らくちびりちびりと傾けて玩味する方であったと思われるから、お客の相手はできた。そのうえもともと客ずきであったから、玄白の伝えるように、「為ニ酒饌ヲ設ケ、日以テ夜ニ継ギ、未ダ嘗テ厭倦セズ」（「処士鳩溪墓碑銘」）といったようなこともあり得たにちがいない。

煙草をたしなむ

煙草をたしなんだことは、煙管を手にしている黙老筆画像によっても知られよう。

また服装や髪型のうえでも、彼はあくまで通人ぶりを発揮する。たとえば黙老筆の画像は、羽織やその紐はあくまで長く、刀は細身である。ふところから金唐革（きんからかわ）製らしい紙入れをのぞかせ、じゅばんの襟も流行色のはなだ色を用いた。髪型も、黙老筆画像では文金風、『里のをだ巻評』中のさし絵では辰松風に結（ゆ）うている。いずれも上方の河原者にはじまり、当時の江戸の通人の間では流行をきわめていたものである。

独身

源内はまた、一生独身で通した。玄白は、「人或ハ妻ヲ娶ランコトヲ勧ム。則チ曰ク、今ワレ四方ニ家ス。何ゾ更ニ之ガ累ヲ求メンヤ。終（つい）ニ娶ラズ。」（同上）としたが、彼のように東奔西走、ほとんど席のあたたまる暇もないものには家庭をいとなむことも困難だったであろう。しかし彼も人並に家庭生活も望んでいたに相違なかろうから、二朱か一分を工面すれば、「四海皆女房なりと悟れば寝覚も淋しからず」（『飛だ噂の評』）といってみたりするのは、例の強がりと評するほかはない。

若衆ずき

独身ではあったが、もちろん清僧のような生活を送ったわけではない。どちらかといえば女ぎらいであったが、若衆はすきであった。彼をモデルにした小説『風来紅葉金唐革』でも「若衆ずき」であったことを指摘し、友人平秩東作（へずつ）も、彼をモデルにして『二国連璧談』をかき、その男色生活をにおわせた。南畝も、源内は吉原のことは不案内であるが、「茅町及び南方」（『仮名世説』）のような若衆の町は詳しいとしている。この種のうわさは当時はよほど高かったとみえ、『弘采録』中の「平賀源内の小伝」玄斎附記にも、そのことを強調するのを忘れていない。

三　たびたび住居をかえる

聖堂寓居

南畝の『一話一言』によると、源内は「宝暦の末始めて江戸に来り、聖堂に寓居」したという。源内が江戸に来て、この地に住みつくようになるのは、宝暦六年（一七五六）のことと思われるから、南畝のいう「宝暦の末」は正しくない。上京の翌年六月彼は、林家の門に入っているから、やがて聖堂＝昌平黌に寄宿するようになったのであろう。そしてそれが比較的長く続いたとみえ、宝暦十年（一七六〇）五月、戸田旭山の『文会録』に寄せた彼の跋文でも、「讃岐平賀国倫謹ンデ東都聖堂偶舎ニ識ス」としている。

しかし同十一年冬十月の日付をもつ「東都薬品会引札」によると、すでに聖堂を出ており、会主源内の寓居が神田鍛冶町二町目（折込み地図参照）不動新道となっている。その後神田

白壁町の居宅

白壁町（折込み地図参照）に移るが、ここは源内の最もながく住んだところである。『温知叢書』本『平賀鳩溪実記』上欄南畝書入れによると、

　白壁町の居宅は唯の裏店(だな)家なり。立派にあらず。予も度々行て見しなり。

というから、それは粗末な裏店にすぎなかったらしい。同じ南畝の『一話一言』に、源内は白壁町から藤十郎新道に移ったとしているが、これは恐らく順序が逆になっていると思われ、前述の不動新道が、水谷弓彦氏も疑っているように、藤十郎新道という別名をもっていたのかも知れない（『平賀源内』）。白壁町の家は、明和期（一七六四―七二）一杯住んだらしい

類焼

が、安永に入って早々、いわゆる目黒行人(ぎょうにん)坂の大火で類焼した（『翁左備抜書』）。行人坂の大火は、安永元年（一七七二）二月二十九日のことであるから、源内の留守宅が焼けたことになる。そのころ彼は大坂に滞在し、種々画策しており、江戸に帰着したのは、同年秋になってからであった。すぐに帰らなかったのは、留守宅が焼けてもその被害は大したことはなく、大事なものは、明和七年（一七七〇）十月の長崎行きの際、同志の千賀道隆あたりにあずけておいたから、いそいで帰る必要もなかったのであろう。

千賀の家に同居

　安永元年、江戸に帰りついた源内は、道隆の馬喰町（折込み地図参照）の宅に身をよせた。この

状態がしばらく続いたとみえ、安永二年十二月十一日付の岩田三郎兵衛あて書簡にも、讃岐者の高見周吉のことにつき、「拙宅出来候へば差置候へども、いまだ千賀同居故、家来どもいやがり申し候」といっている。千賀同居とは、道隆の宅に源内が同居していたという意味である。

その後『翁左備抜書』や『弘采録』の源内伝によれば、深川清住町の武田長春院の下屋敷をかりて移ったらしい。長春院は森銑三氏によると、名は信郷、官医である（「新資料を通してみたる平賀源内」『古典研究』五の五）。また源内は、清住町の下屋敷を借りたままにし、改めて「神田大和町代地細川玄蕃様表御門前右の処へ別宅」（平賀輝子氏蔵書簡断片）を構え、その門前に柳を一本植えたという（『一話一言』）この新しい住居は、千賀道隆の抱（かかえ）屋敷であり、ここに居を定めるについては、道隆の「引立世話」によるものであるといわれる（『弘采録』『翁左備抜書』）。

本宅と「別荘」

さて大和町（折込み地図参照）の新宅に移ってみると、この方がむしろ本宅となった。これに対し清住町の借家は「別荘」の形になる。そこで短編『飛だ噂の評』では、「風来山人清住町の別荘に、独（ひとり）きほふて」云々といい、友人の宮脇又右衛門にあてた書簡でも「私儀先頃より新宅普請、且別荘御客来」とした。新宅は大和町の新居、別荘は清住町のそれである。そして大和町の居宅とても粗末な貸家だったらしく、『天狗髑髏鑑定縁起』跋文で彼は、「所は神田大和町の代地、一月三分の貸店に、貧乏に暮せども」といっている。

検校の旧宅を買う

最後に源内は、同じ神田の橋本町（折込み地図参照）の行き当りにある、「目薬売並金貸浪人の家」（『弘采録』）＝神山検校の旧宅を買った。平賀輝子氏蔵書簡断片に、「此間大家を求、要助遣……候。売弘（薬を……城福註）候積に御座候。八九十畳敷の……」とあるのが、この家であろう。文中の要助は、讃岐出身者で、かねて源内の代理格となり荒川通船を差配していた。通船事業が行き詰り状態になったので、源内は改めて江戸で要助を中心に売薬店を経営させようとしたらしい。神山検校の旧宅については、すでにのべたから、繰りかえさない。

『鳩溪遺事』によると、昌平の下吏浦井伝蔵の言葉として、源内は「或ハ通町に大成家を営し住む。或ハ裏店に入て寒天に小袖一ツにて居る」というが、ここでいう大なる家をあえて求めるとすれば、深川清住町の別荘と、最後に手に入れた神山検校の旧宅以外に考えようがないのである。

第十　むすび

田沼の政治

源内の活躍した時期は、田沼意次が威権をほしいままにした、いわゆる田沼時代にあたる。意次の政治の眼目は、危機に瀕した幕府財政をたてなおすことにあり、そのために効果があると思われることは何でもした。特に享保の改革の積極面である殖産興業政策を重点的に推し進め、商業・高利貸資本と手を結んで、それにむしろよりかかった営利政治をおこなったのである。すなわち第一に、朝鮮人参・銅・鉄以下を専売制にして、幕府直営の座を設けて利益をあげたり、または特定の大商人に扱わしめて運上をとりたてたりした。第二に、冥加・運上金めあてに株仲間を大幅に公認するとともに、彼ら株仲間商人に在地の商品流通機構を掌握させた。第三に新田開発にも力をそそぎ、下総の印旛（いんば）沼・手賀沼の干拓のごときは、大坂や江戸の富商に出資させて、官営の形でこれをおこなった。第四に長崎貿易についても拡大の方針をとり、輸出の中心を占める銅を確保するとともに、それを節約するための代物として海産物の生産や輸出を盛んにした。

同時に外国からの金銀貨の輸入につとめて、これを材料に新貨を鋳造したのであった。

重商主義的な政策

ゆらい意次の貿易政策は、できるだけ外貨を稼いで国富を積むという重商主義的なものであったから、従来の輸入品とても、国内のどこかをさがせばみつかるかも知れないし、また朝鮮人参などの薬種がそのよい例であるように、国内で計画的に栽培・製造すれば、輸入を防止して国益を増進させることができると信じて、諸産業の開発が企てられた。わけても銅以下の鉱物資源の採掘や、いりこ・干あわび以下の海産物＝俵物の増産が、長崎貿易との関連において積極的に推し進められたこと、すでにのべた通りである。

賄賂政治

田沼の政治はまた、側近政治でもあった。このために公私がとかく混同され、賄賂もおこなわれやすかった。そのうえ彼が手を結んだ大商人たちは、賄賂を一種のリベートくらいにしか考えていないので、利権をめぐってそれが横行しがちであって、政治がいちじるしく腐敗した。

源内が出会ったのは、正にこのような時代であった。そして彼の才物ぶりは、早くから世間の人の認めるところとなり、田沼もまた彼に目をかけて、何かと世話をやいている。その源内がつねに、長崎貿易を通して金銀が国外に流出するのを憂え、それを阻止するために国内資源を開発し、産業をおこして「日本の益」をはかろうとした。これは本草・物産学者ないし、その技術家・企業家としての彼の、いわば大義名分にほかならぬが、それが田沼の貿易政策・殖産興業政策と直結するものであることはいうまでもない。

田沼の政策に直結

ところが一方において彼は、けっきょく田沼の産業開発計画に便乗して利権にありつこうとする、新興の一投資家でもあった。そしてこの時代には、この種の投資家がつぎつぎにあらわれるが、世間の人は彼らのことを「山師」と呼んだ。源内も正にそのような山師の一人として幕府の諸政策に敏感に反応し、たとえば鉱山開発政策がとられると、いち早く秩父において、はじめは金山、のちには鉄山の経営・稼行に従事する。すなわち投資家としての山師が、本物の山師=鉱山師になってしまうのである。

自由・開放的な気分

田沼時代はさらに、文化・思想のうえで自由かつ開放的な気分がみちあふれていた。儒学や武芸のような堅苦しいものが奨励されず、奢侈・贅沢は禁止されなかった。風俗は華美、世相は淫靡、四千石取りの旗本藤枝外記教行が吉原の遊女と心中する事件もおこり、「君と寝ようか、五千石とろか、何の五千石君と寝よ」という俗謡がはやったりした。吉原では、いわゆる十八大通がわが世の春を謳歌し、もともと遊里で発達した

通人・文人となる

「通」が、江戸者の新しい生活理想となった。これにともない、学者・インテリのなかでも通人ぶるものが少なくなかったが、彼らの多くは固定化された身分制のもとで出世の糸口をみつけることができなかった高等遊民であって、いわゆる文人となり、仲間をつくってある種の耽溺と韜晦、それから多少の高踏趣味を発揮していた。源内も仕官を構われてからは、ことさらにこの文人仲間に近づき、やがては彼自身がその一人となって、ついに俗文芸にも手を出すにいたるのである。

さて源内にとって俗文芸はもとよりのこと、文芸そのものが遊びであり、たわむれであった。これに対し、彼の本意とするところは学問＝本草・物産学であるから、俗文芸のごときは学問の片手間に、趣味あるいは余技として手がけたものにすぎない。しかしそれに従事しているうちに、いつの間にか主客ところをかえ、本領たる学問の方がかえって趣味化し余技化する傾向―したがって学問が遊び・たわむれ的な要素をもつにいたることがなかったとはいえない。これは、宝暦末年の『物類品隲』以後、彼にみるべき学問的労作がないことによっても知られ、産業技術家・企業家としての彼も、明らかに同じ傾向を示している。すなわち中年以後の彼は、いずれかといえば輸入阻止・国益増

万芸あって一心足らず

「千里の馬、太鼓を撞てども」

進といった大義名分論的なものが後景にしりぞき、たとえば寒熱昇降器・金唐革・菅原櫛といった、多分に好事家目あての道楽仕事や、高級小間物の製造・販売に熱中するにいたっている。これは彼が、本来の意図とは別に、万芸あって一心たらざる底の、ただの通人ないし文人になり終っていることを示唆するものと考えて差し支えないであろう。

それにもかかわらず彼は、自分の学問は常に新鮮で、技術・企業も創意・工夫にみちみちていると思いこんでいた。特に技術・企業の場合、その大義名分論的評価はともかくとして、そういう面は確かにあったのであるから、そのことを認めてくれない世間の俗人どもや、特に為政者に対し、源内は憤懣(ふんまん)をぶちまけて憚らない。そのうえ彼は、焦燥や不安のおもいにもかられていたので、しばしば「千里の馬太鼓を撞(う)(て)ども世に伯楽なければ」(『痿陰隠逸伝』)といった種類の嘆きをもらす。すなわち千里の駒にも比されるような才物源内がいるのに、それを見出す伯楽(ばくろう)がいないという。そしてこの言葉こそ彼が生涯にわたって、あきることなくくりかえしたリフレインでもあったのである。

しかしこの種の不平・不満は、もともと個人的なものであるから、たとえば田沼意次のような「有眼の人」(『放屁論後編追加』)がいて、彼を見出しさえすれば、それで事がすむ。さらにいえば、彼を「登庸」(『風流志道軒伝』)ことをすれば、それで一応解決する底のものであろう。もちろんこのほかにも、彼には社会的というべき不平・不満もあったであろうが、それらもおおむね、社会の欠陥ないし不条理を「うがつ」という俗文芸的な、別の言葉でいえば通人ないし文人的な姿勢で処理し得るような種類のもの——洒落や滑稽の間に埋没していているうちにたいてい雲散霧消してしまうような種類のものでしかない、といえばいえるのである。

永田広志氏は、源内を封建制に「満腔の不満を懐いた人」と考えるところから、彼の言動のなかに何ほどかの「反封建的萌芽」(いずれも、『日本封建制イデオロギー』)をみた。この見解を発展させて、源内に反封建的、あるいは非封建的なものをみてとろうとするこころみも跡を絶たないが、その種の論は、彼に「一個の近代人」(芳賀徹「十八世紀日本の知的戦士たち」『日本の名著』22)をみてとる議論と同様、かなり慎重であることを要するのではなかろうか。すなわち源内には、封建制の現状を肯定してそのうえにむしろあぐらをかき、田沼時代という太平の世を、逸民よろしく遊びほうけ、時にはふざけちらしているところがあるからである。その関係からか彼は、封建制の観念的支柱としての儒教に対しても、それが朱子学であれ、また古学であ

「聖人の教に上こすものなし」

れ、本来の姿においてはこれを肯定した。そして「天地の間をひくるめて、聖人の教に上こすものなし」(『風流志道軒伝』)という風に儒教を、賞揚しさえしているのである。もっとも彼は、よく知られているように「屁ぴり儒者」「腐儒者」「木の葉儒者」などと口を極めて儒者を嘲罵しているようにみえる。しかしそれらは「聖人の教さへ、其道にとらかされし屁ぴり儒者の手に渡れば、人をまよはす事多し」(同上)という彼の言葉がよく示すように、「聖人の教」を肯定したうえで、それに「とらかされし」末流の儒者たち——たとえばいたずらに「仁義立」(『霊験宮戸川』)したり、「賢人立」(『忠臣伊呂波実記』)するだけで、実質は極めて空疎な、物の役にたたぬ腐儒どもを揶揄・嘲笑しているにすぎない。そしてこの種の役たいもない儒者たちを笑いものにするのは、当時の通人社会・文人仲間での、ごくありふれた癖でもあったのである。

腐儒どもをあざける

とにかく源内の本領は本草・物産学にあった。本草・物産学は、いってみれば東洋の自然科学である。そのうえ彼は蘭学＝西洋自然科学の知識も少しは持ち合わせていたのであるから、彼を科学者であると規定することもできないわけではない。そこでその世界観も、おのずから自然科学的となり、唯物論的な傾向を帯びるようになる。たとえば

唯物論的傾向

彼は、自然も人間もけっきょく火が根源であると考えて、「火の薪ある内は、人の一生のごとし。火消(ゆ)る時、跡に残(る)所の炭は即(ち)死骸なり」(『風流志道軒伝』)として、その唯物論的傾向をかくそうとしていない。

西洋自然科学の影響はあまりない

ところで彼の世界観におけるこの種の傾向につき、それは本草・物産学の知識もさりながら、ヨーロッパ渡来の西洋自然科学=蘭学の知識に負うところが大きいとみなされがちであるが、これもやはり問題である。なるほど彼は無類のオランダ好きであり、その学問にも西洋博物学の知識をとりいれようとした。これらの意味で、西洋自然科学の影響を何ほどかは受けたであろうことは否定し得ないが、しかし彼は肝腎のオランダ語がほとんどよめない。してみると、その世界観や学問の方法にも西洋自然科学の影響はそれほどないものと考えた方がよいのではなかろうか。そして彼の場合は、むしろ東洋の自然科学というべき本草・物産学によって、科学者としての精神や思想を育てたとすべきである。というのも、すでに尾藤正英氏の指摘しているように、彼の学統に属する本草・物産学は、彼において一つの自生的な近代科学にまで成長・発展を遂げたと考えられるふしがあるからである(「江戸時代中期における本草学」前出)。

万能の天才

それにしても源内は、万能的な天才ぶりを発揮して、はなはだ幅広い活動をした。積極・進取の気性も人一倍強く、「我らしくぢるを先に仕り候」（桃源あて書簡）と高言して試行錯誤や親試実験の努力を積んだのち、たとえば産業・技術の開発についても、「我方未ダ知ラザル所ノ薬物及ビ火浣布ノ類、自ラ発明スル者百有余種」（「処士鳩渓墓碑銘」）といわれるような、すばらしい成果をあげた。親友玄白は彼を評して、「ア、非常ノ人、非常ノ事ヲ好ミ、行ヒ是レ非常、何ゾ非常ノ死ナル」（同上）としたが、これは、その人と生涯を見事に総括した名言とすべきであろう。

辞世の句

しかし源内も、晩年は思わぬところでつまづいた。そして「心地たがへるまゝに」、つぎの句を人に示したという。

乾坤（あめつち）の手をちゞめたる氷哉

これを木村黙老は、源内辞世の句と考えたが（『戯作者考補遺』）、まことに彼こそ、あり余る才能をいだきながら、「乾坤の手をちぢめたる」思いのなかで、不遇としか評しようのないその一生を、獄中においてさびしく閉じたのであった。

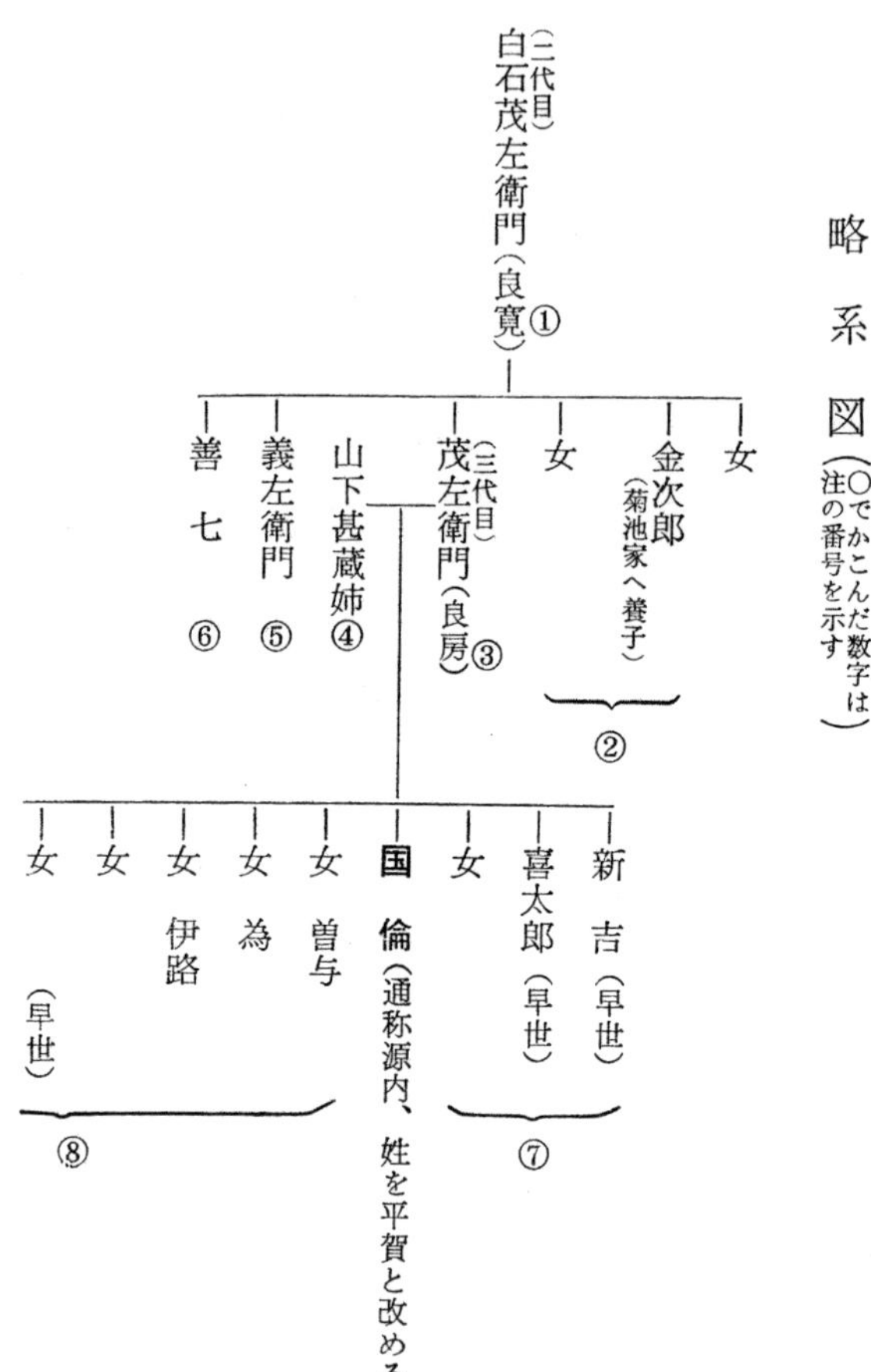
略系図（○でかこんだ数字は注の番号を示す）
（二代目）白石茂左衛門（良寛）①
女
金次郎（菊池家へ養子）
女
②
（三代目）茂左衛門（良房）③
山下甚蔵姉④
義左衛門⑤
善七⑥
新吉（早世）
喜太郎（早世）
女
⑦
国倫（通称源内、姓を平賀と改める）
女 曽与
女 為
女 伊路
女
女（早世）
⑧

―女（早世）
―小次郎（早世）
―女
　里与
　｜
　権太夫（実は重五郎嫡子磯五郎）

注　①③は平賀家位牌による。同家系図には(a)源姓平賀氏系図と、(b)平賀氏系図の二種があるが、②は(b)のみにあり、④⑤⑥は(a)のみにある。ただし三代目茂左衛門に二人の姉があったことは位牌・過去帳によって知られる。⑤は過去帳には宥智（二代目茂左衛門）の子かとしてあり、⑥は宥智の後室の子、⑦は(b)により、⑧は(a)による。なお(b)によると源内は、二兄一姉四妹一弟（小二郎）があったことになる。

略年譜

年次	西暦	年齢	事蹟	参考事項
享保一三	一七二八	一	讃岐の国寒川郡志度浦に生れる。父白石茂左衛門は、高松藩志度浦蔵の蔵番	一月、荻生徂徠没する
元文　四	一七三九	一二	からくり仕掛の「おみき天神」をつくったという	三月、幕府青木昆陽を召し出す○九月、松平頼恭高松藩主となる
寛保　二	一七四二	一五	妹里与生れる	
延享　二	一七四五	一八	一月、父茂左衛門現在の平賀家屋敷地に移る○四月、俳書『つくしこと』に李山＝源内の附句二初見	一一月、吉宗退隠し、家重九代将軍となる
寛延　元	一七四八	二一	才麿門の稲木梅門編『象山陰』に発句一、同書下巻中の志度連中の歌仙一巻に附句五入集	このころ高松藩、薬園を現在の栗林公園内に移す
二	一七四九	二二	一月、父死亡し、後役を命ぜられる○芳室追善集『四日桃』に平賀李山の号にて出句、平賀姓の初見である	
宝暦　二	一七五二	二五	夏、志度の俳人指月堂芳山の一周忌に際し追悼文を草する○長崎へ一回目の遊学をする	静観坊好阿『当世下手談義』刊行
三	一七五三	二六	一二月、志度の俳諧を志す人のために一文を草する	

			○備後鞆之津で陶土発見、溝川某に製陶をすすめる	
四	一七五四	二七	一月、椎本矩州編『歳旦』に二句入集○七月、蔵番退役願を出す（八月聴許）○従弟磯五郎（のちの権太夫）を迎えて妹里与の婿養子とし、平賀家の家督をつがしめる	閏二月、山脇東洋ら京都で屍体を解剖する
五	一七五五	二八	一月、量程器をつくる○三月、藩の重臣木村季明の求めにより磁針器をつくる○丸亀の夕静編『真空言』に出句	二月、安藤昌益『自然真営道』成る
六	一七五六	二九	三月、桃源・文江とともに摂津有馬温泉に赴き、別れを惜しむ○五月、大坂をたち、江戸に向う。同地で永住を決意○『有馬記行』成る○本草学者田村元雄の門に入る	
七	一七五七	三〇	六月二日、林家入門。やがて聖堂に寄宿する○七月、源内の発案にて、元雄はじめて江戸湯島で物産会を開く	杉田玄白、オランダ流外科を開業する
八	一七五八	三一		九月、田沼意次はじめて万石を領する
九	一七五九	三二	八月、湯島で物産会を主催する○九月三日、高松藩から学問料の名義で三人扶持を与えられる	六月、服部南郭没する

宝暦一〇	一七六〇	三三	三月藩主松平頼恭、幕命を奉じて京師朝覲をする。源内随行○四月、主命により相模の海辺で貝を求める○五月一二日、薬坊主格となり、四人扶持銀一〇枚給せられる○五月、戸田旭山の『文会録』に跋文をかく○七月、頼恭帰国、源内随行。山城の伏見にて命をうけ、紀州の海岸で貝をさぐる○八月、大坂に入り『浄貞五百介図』をさがし求め、ついに写しをみつける○九月、藩主の命により、封内で採薬	三月、戸田旭山、大坂浄安寺にて物産会を開く○五月、家治将軍となる○九月、木村季明高松藩家老となる
一一	一七六一	三四	一月、旭山著『病名補遺』に序を寄せる○二月、藩へ辞職願を出す○三月九日、『木に餅の生弁』成る○三月、オランダの医官バブルに龍角につき質す○五月、『紅毛花譜』入手○九月二一日、江戸邸にて頼恭、源内の辞職を認るも他家への仕官は構う○秋、伊豆の鎮惣七、源内に伊豆で採薬するならば導こうと約す。源内、家僕をつかわし採薬三カ月余に及ぶ○一二月、幕府から伊豆芒消御用を命ぜられ、伊豆に赴いて芒消を製する	七月、野呂元丈没する
一二	一七六二	三五	閏四月一〇日、江戸湯島で大規模な物産会開催○九月、『紀州産物志』（一巻）成る○戸田旭山と仲たが	八月、山脇東洋没する

一三	一七六三	三六	いする 三月、オランダ医官に「ヅクノ木」がオリーブ樹なることを確める○七月、『物類品隲』(六巻)刊行○九月、賀茂真淵の門に入る○一一月、平線儀を製し、木村李明に贈る。談義本『根南志具佐』前編(五巻)・同『風流志道軒伝』(五巻)刊行	三月二二日、幕府諸国の銅山を調査する○六月、田村元雄幕府に登用せられる○一一月、幕府江戸神田に朝鮮人参座を設置する
明和元	一七六四	三七	一月、秩父に赴き、中津川村両神山において石綿発見○二月、火浣布を織る○三月、『火浣布説』(一巻)発表。鞆之津の溝川氏、生きている源内を神として祀る○八月、風俗地誌『蝦夷松前島』を写本し、序を付する○一〇月、『浄貞五百介図』に序して刊行	
二	一七六五	三八	一月、「盲暦」を発行したという○二月下旬、オランダ製寒暖計の製法を述べる○三月、再び石綿を求めて秩父中津川村にゆく。同地で「かんすい石」発見。ドドネウス著『紅毛本草』入手。○四月、『火浣布略説』(一巻)刊行○平秩東作の『水の往方』に序を与える○この年から翌年にかけて流行した「大小の会」と呼ばれる絵暦交換会にしばしば出席する	五月、医学館創建される○後藤梨春『紅毛談』刊行○鈴木春信が錦絵を創始する

年号	西暦	年齢	事蹟	参考事項
明和 三	一七六六	三九	三月、『紅毛介譜』入手。秩父の磯田家?と「雲母之様なる品」採掘について一札をとりかわす○七月、幕吏正木源八を案内して中津川村に赴く。やがて金山事業に着手○冬、はじめて大田南畝に会う	六月、幕府大坂にあった長崎銅会所を銅座とする
四	一七六七	四〇	三月、『紅毛虫譜』入手○九月、『寝惚先生文集』初編に序をあたえる○『長枕褥合戦』（三巻）成る	五月、幕府鉱山採掘を奨励する○七月、田沼意次側用人となる○八月、幕府山県大弐・藤井右門を処刑する
五	一七六八	四一	一月、タルモメイトル＝寒暖計を模造する○二月、『日本創製寒熱昇降記』を草する○三月、『紅毛魚譜』『紅毛禽獣魚介虫譜』『世界図』入手。『痿陰隠逸伝』（一巻）成る	四月、幕府真鍮銭の通用を命じる。水戸・仙台藩の鋳銭を許可する
六	一七六九	四二	一月、『根無草後編』（五巻）刊行○三月、『百工秘術』（スコートネイル・ラツタヤール著）入手○八月、銅脈先生狂詩集『太平楽府』に跋をよせる○『物産書目』（一巻）成る。『刪笑府』（一巻）刊行か○南畝著『売飴土平伝』に序をよせる○中津川金山休山	八月、意次老中格となる○一〇月、青木昆陽・賀茂真淵没する
七	一七七〇	四三	一月一六日、『神霊矢口渡』江戸外記座初演○八月一九日、『源氏大草紙』江戸肥前座初演○秋ごろ、幕府	六月、鈴木春信没する

			から阿蘭陀翻訳御用を命ぜられる〇一〇月一五日二回目の長崎遊学のため江戸を出発する	
八	一七七一	四四	一月二〇日、『弓勢智勇湊』肥前座初演〇五月、「陶器工夫書」を幕府の天草代官に提出する〇長崎からの帰途大坂に滞在、この間に多田銀・銅山の水抜工事を工夫し、金峰山の試掘を計画する〇毛織物の試織に成功する	三月四日、前野良沢・杉田玄白ら千住小塚原で死刑囚の腑分をみる〇七月、頼恭江戸邸で卒する
安永元	一七七二	四五	二月二九日、目黒行人坂の大火で源内の留守宅も焼ける〇秋、大坂より江戸に帰着	一月、意次老中となる。木室卯雲、小咄本『鹿子餅』刊行〇一〇月、銭相場の下落により水戸・仙台両藩の鋳銭を中止する
二	一七七三	四六	一月二日、『嫩榕葉相生源氏』肥前座初演〇春、『秘伝花鏡校』(六巻)刊行。秩父中津川鉄山の普請工事に着手〇六月一五日、鉄山のことにつき岩田三郎兵衛にあてて、千賀道有との連名にて一札をいれる〇六月二九日、山師吉田理兵衛とともに、秋田藩封内鉱山調査などのため江戸を出発する〇七月一二日、院内銀山到着〇七月下旬、角館にて小田野直武に西洋画法を教える〇八月初旬、阿仁銅山到着、粗銅より	九月、吉益東洞没する〇一二月一日、小田野直武産物他処取次役を命ぜられ、角館をたち出府する

			銀を絞る方法を伝える○一〇月二九日、久保田（秋田）をたち、江戸に向い帰途につく	
安永三	一七七四	四七	一月一二日、『前太平記古跡鑑』江戸結城座初演○一月、『細見嗚呼御江戸』に序を与える○七月、『里のをだ巻評』（一巻）成る。また同月までに『放屁論』（一巻）刊行○中津川鉄山休山する	三月、水戸領の農民、鋳銭座の廃止を要求して強訴する○八月、『解体新書』刊行。さし絵は小田野直武が描く
四	一七七五	四八	七月一五日、『忠臣伊呂波実記』肥前座初演○夏から試験的な炭焼をはじめ、年末から本格的に焼き出す○荒川通船完成。また長崎での製陶計画につき、幕府の長崎掛り役人と内談する	一月、恋川春町『金々先生栄花夢』刊行
五	一七七六	四九	春から菅原櫛を売り出す○一一月、エレキテルの復原に成功する○一二月、『天狗髑髏鑒定縁起』（一巻）成る○出羽新庄藩戸沢侯より、産銅から銀を絞る分析を依頼される	三月、田村元雄没する○四月、上田秋成『雨月物語』刊行○一一月、ツェンベリー『日本植物誌』できる
六	一七七七	五〇	五月、『放屁論後編』（一巻）刊行○夏、エレキテルの見物客で賑う。意次の妾も見物に来る○九月、妹為死ぬ○一二月、「小田野直武に示す」を草する	桂川甫周、幕府の奥医師となる
七	一七七八	五一	一月、戯書「歳旦」「歳暮」「冬籠の吟」を書く。「細註暦」戯作○二月、『霊験宮戸川』の稿すでに成る○	春、伊豆の国大島噴火する○六月、ロシア人国後島に来て松前藩に通商を

八	一七七九	三一	八月、『菩提樹之弁』(一巻)成る○九月、『飛だ噂の評』(一巻)成る 二月八日、『荒御霊新田神徳』結城座初演○二月、『金の生木』(一巻)成る○夏、橋本町の「凶宅」に移る○一〇月、伊豆七島に火山灰が降ったことを戯文にする○一一月二一日朝、あやまって人を殺傷する○一二月一八日、獄中で破傷風にかかり病死する	求める○工人弥七エレキテルを偽造する 塙保己一ら『群書類従』の編纂をはじめる

主要参考文献

一　全集・著作集

入田整三編『平賀源内全集』上・下　平賀源内先生顕彰会　昭和七・九年・
入田整三編『平賀源内全集補遺』第一・第二　編者発行　昭和一一・一四年・
中村幸彦校注『風来山人集』（『日本古典文学大系』）　岩波書店　昭和三六年

二　著書・論文

水谷弓彦著『平賀源内』（『偉人史叢』第六巻）　裳華房　明治二九年
岡田唯吉著『讃岐偉人平賀源内翁』　鎌田共済会　昭和九年
入田整三編『平賀鳩溪翁略伝』　平賀源内先生顕彰会　昭和九年
野田寿雄著『平賀源内の人と生涯』　厚生閣　昭和一九年
近石泰秋著『操浄瑠璃の研究』――「劇作家としての平賀源内」　風間書房　昭和三六年

森　銑三「平賀源内研究」（『中央史壇』一四の三・五）

森　銑三「新資料を通して見たる平賀源内」（『古典研究』五の五）

富成喜馬平「発明家としての平賀源内」（『古典研究』五の五）

暉峻康隆「平賀源内研究」（『近世文学の展望』所収）

野田寿雄「風来山人論」（『文学』二三の一〇）

本田康雄「初期洒落本・滑稽本の本質を求めて—平賀源内と共に—」（『東京大学教養学部人文科学科紀要』四・七・九）

尾藤正英「江戸時代中期における本草学」（同右一一）

武塙林太郎「平賀源内と秋田蘭画」（『蘭学資料研究会研究報告』一〇九）

城福　勇「高松藩の『仕官御構』に対する平賀源内の姿勢について」（『香川大学教育学部研究報告』一の二四）

三　墓碑銘

杉田玄白撰「処士鳩渓墓碑銘」（木村黙老『戯作者考補遺』所収）

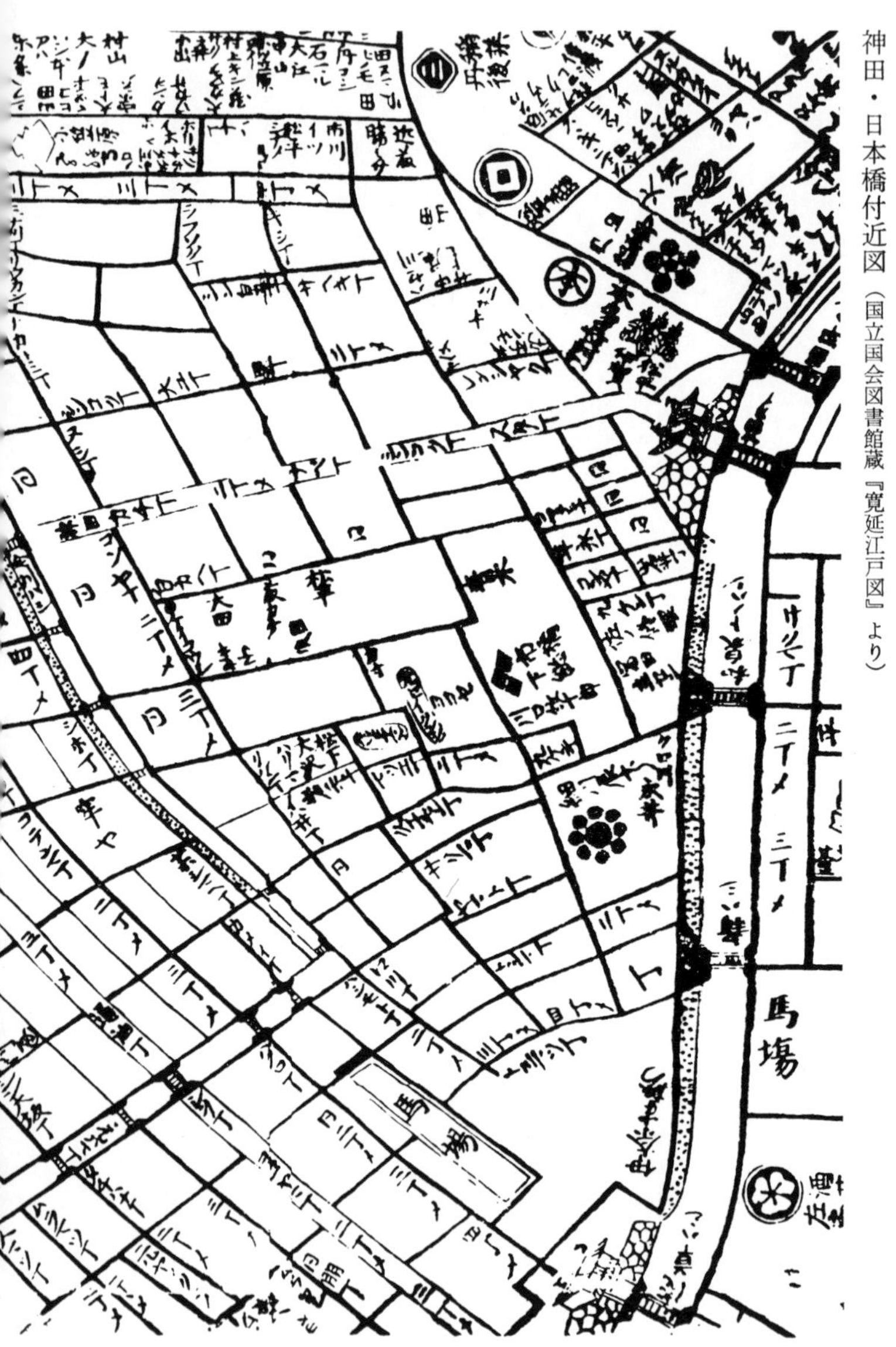

神田・日本橋付近図（国立国会図書館蔵『寛延江戸図』より）

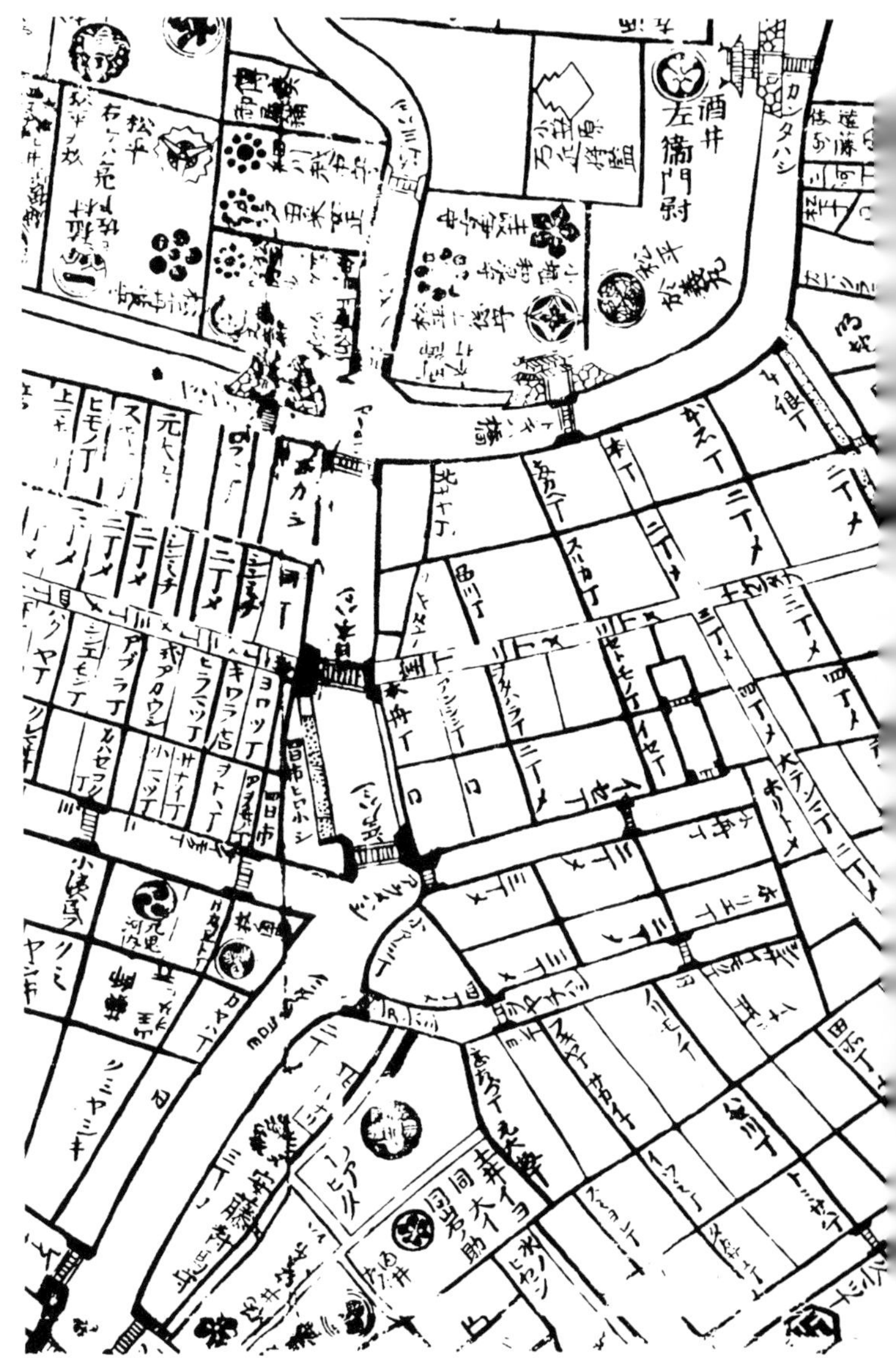

酒井
左衛門尉
カンタハシ

著者略歴

大正二年生れ
昭和十五年九州大学文学部国史学科卒業
熊本師範学校教授、香川師範学校教授、香川大学教授等を歴任
昭和六十一年没

主要著書
平賀源内の研究　本居宣長

人物叢書　新装版

平賀源内

一九七一年（昭和四十六）八月十日　第一版第一刷発行
一九八六年（昭和六十一）一月一日　新装版第一刷発行
二〇〇〇年（平成十二）十月二十日　新装版第五刷発行

著者　城福勇（じょうふく いさむ）
編集者　日本歴史学会　代表者　児玉幸多
発行者　林英男
発行所　株式会社吉川弘文館
東京都文京区本郷七丁目二番八号
郵便番号一一三—〇〇三三
電話〇三—三八一三—九一五一〈代表〉
振替口座〇〇一〇〇—五—二四四
印刷＝平文社　製本＝ナショナル製本

『人物叢書』(新装版)刊行のことば

人物叢書は、個人が埋没された歴史書が盛行した時代に、「歴史を動かすものは人間である。個人の伝記が明らかにされないで、歴史の叙述は完全であり得ない」という信念のもとに、専門学者に執筆を依頼し、日本歴史学会が編集し、吉川弘文館が刊行した一大伝記集である。

幸いに読書界の支持を得て、百冊刊行の折には菊池寛賞を授けられる栄誉に浴した。

しかし発行以来すでに四半世紀を経過し、長期品切れ本が増加し、読書界の要望にそい得ない状態にもなったので、この際既刊本の体裁を一新して再編成し、定期的に配本できるような方策をとることにした。既刊本は一八四冊であるが、まだ未刊である重要人物の伝記についても鋭意刊行を進める方針であり、その体裁も新形式をとることとした。

こうして刊行当初の精神に思いを致し、人物叢書を蘇らせようとするのが、今回の企図である。大方のご支援を得ることができれば幸せである。

昭和六十年五月

日本歴史学会
代表者 坂本太郎

〈オンデマンド版〉
平賀源内

人物叢書　新装版

2021年（令和3）10月1日　発行

著　者　城福　勇（じょうふく いさむ）

編集者　日本歴史学会
代表者　藤田　覚

発行者　吉川道郎

発行所　株式会社　吉川弘文館
〒113-0033　東京都文京区本郷7丁目2番8号
TEL　03-3813-9151〈代表〉
URL　http://www.yoshikawa-k.co.jp/

印刷・製本　大日本印刷株式会社

ISBN978-4-642-75025-7